JN302228

談

特集
縮退の方途

Speak,Talk,and Think 2012 no.94

談 2012 no.94 contents

特集
縮退の方途

表紙 小谷元彦
本文ポートレイト撮影 すべて新井卓

editor's note

人口減少社会への適応

人口四〇〇〇万人の時代がくる

総務省は、今年四月一七日に、日本の推計人口（昨年一〇月時点）を発表しました。定住外国人を含む日本の総人口は、一億二七七九万九〇〇〇人。一年間で二五万九〇〇〇人減り、減少数は、一九五〇年以降の統計で最大です。また、六五歳以上の老年人口割合は、過去最高の二三・三％に達しました。この急激な人口の落ち込みは、出生率の低下と高齢化というこれまでの傾向に加え、東日本大震災と福島第一原子力発電所事故による日本からの人口流出が重なったことが主因と総務省は説明しています。確かに、今回の人口の激減は、震災と原発という例外的事情によるものだったといえるでしょう。ただ、二〇〇七年以降人口の自然増加率（出生率と死亡率の差）はマイナスを記録し続けています。戦後初めて出生数が死亡数を下回った二〇〇五年を境にして、日本は、本格的な人口減少社会の仲間に入り、その傾向は今後も続くことが予想されます。

ところで、二〇〇六年一二月、国立社会保障・人口問題研究所が「日本の将来推計人口」を公表しました。出生率と死亡率の組み合わせから、将来の出生率と死亡率を高位、中位、低位に分けて、二一〇〇年までの人口予測を行ったものです。その中位の仮定によれば、二〇五〇年には九五一五万人、二一〇〇年には、四七七一万人になるというのです。なんと九〇年後には、八〇〇〇万人も減るという驚くべき将来像を描き出したのです。五〇年後には昭和三〇年代の、また一〇〇年後には明治三〇年代の水準にまで、人口が減ってしまうというのです。日本の将来が危ぶまれる推計に、私たちは強い衝撃を受けました。

歴史を繙けば、飢饉や疫病の流行、戦争などによって人口が減少した例はあります。ただ、それは外的な要因であって、そのことが死亡率を上昇させ、結果的に人口減少を引き起こしたからです。それらはあくまでも一過性のもので、死亡率を上げる要因がなくなれば、必然的に人口は増え始めます。出生力の低下も私たちは過去に何度か経験しています。「豊かさのなかで、空前の長寿命を享受しながら出生率低下を通じて持続的な人口減少をおこす社会などというものはかつてなく、人類未踏の社会」に突入したと稲葉寿氏（数理人口学）は言います。もっとも、このような状況は日本に限ったことではありません。ＥＵや東欧諸国、ロシア、台湾、韓国でも同様に起こっていることで、先進諸国の低出生力現象は、いまや普遍的文明論的転換（第二人口転換論）と考えられ、決して一時的なものとはみなされなくなっています。

現在、世界人口は七〇億に達して、なお年率一・三%程度で成長しています。しかし、じつはその潜在成長力は減衰しつつあることは人口学の専門家の大方の見解のようです（稲葉寿氏）。今や、世界人口の半数は、合計特殊出生率（出産が可能とされる一五～四九歳の女性の平均子ども数）が二・一以下の低出生力諸国に住んでいます。一九七〇年前後に盛んに議論された人口爆発の懸念は過去のものになりつつあります。むしろ、今世紀半ばには、マイナス成長に転ずる確率は、二〇%程度という推計もあるくらいです。

人口減少は、遅かれ早かれ今後地球上すべての国において起こりうるもので、それを食い止めることは不可能だろうといわれています。現に日本でも二〇〇〇年頃に将来人口減少が起こるだろうとの懸念から（実際は予測より早く到来）、これに歯止めをかけようという意見が多く出されました。しかしながら、出生率の上昇に成功したとしても、それが総人口の規模にまで反映され、人口減少を食い止めるまでには三〇～三五年程を要し、今世紀中はムリだというのが大方の意見でした。人口は持続的に拡大増大するということを前提に成り立ってきた近代社会およびそのシステムは、さまざまな面で問い直される必要に迫られているといえるのです。

少子化の要因はどこにあるか

二〇〇五年から始まったわが国の人口減少の主たる原因は、少子化現象にあります。少子化現象は、人口置換水準を下回る低出生率のことで、日本ではすでに一九五六年頃から始まっていました。人口置換水準とは、究極的に人口増減のない状態を保つ出生率を言います。人口学の研究者・河野稠果《しげみ》氏がわかりやすく解説しているので、参考に引いておきます。

同時に生まれた一〇〇人の女性（母親）が次の世代の一〇〇人の女児を産むと、一対一の人口再生産が行われます。しかし当然ながら、男児も生まれるので（男女の出生性比は一〇五）、二〇五人の子どもを産めばよいことになります。けれども、実際には同時に生まれた一〇〇人の女性が成長し、一五歳から再生産年齢に入り四九歳になるまでに何人かは死亡する可能性もないわけではない。そうすると、一人平均二・〇五だけ産んだのでは次の世代の一対一の再生産をまかなうためには足りないことになります。わが国のように世界でも最も死亡率の低い国であっても、次の世代の子ども数は、二・〇七は必要となります（二〇〇五年の合計特殊出生率は一・二六ですが、これを純再生産率〇・六一で割れば二・〇七）。ですから、人口置換水準は、死亡率の水準に応じて変動するわけで、まだ生まれて間もない子どもの死亡率が高かった一九三〇年代当時の人口置換水準は三・〇九、六〇年代でも二・一八。人口置換水準が二・一〇以下になったのは一九七五年以降のことなのです。

少子化現象が人口減少を引き起こすのは、単純に子どもの数が減るからです。確かにそうですが、もう少し細かく見てみると、生物的な要因と社会的な要因があることがわかります。近代になって経済成長を実現した欧米諸国では、時代と共に死亡率と出生率が下がっていきました。歴史人口学を研究している鬼頭宏氏は、「多産多死」から「多産少子」へ、さらには「少産少死」へと移っていった、いわゆる人口動態がその背景にあるとして、それを「人口転換」と呼んでいます。社会が豊かになっていくにつれて人口転換が起きることは、過去、多くの国や地域の経験で明らかになっているといいます。たとえば、死亡率が引き下げられ長寿化する理由は、栄養、医療、水道などの社会的間接資本の充実で説明できるとし、総じて社会が豊かになれば、長生きできるようになるというのです。

では、出生率の方はどうかというと、鬼頭氏は出生力転換の要因には三つあると述べています。一つは、乳幼児死亡率の低下。社会インフラや医療が発達した国々では、かつてのように出産時や幼児期に子どもを亡くす危険性は低くなりました。不必要に産まなくても、跡継ぎを得ることができるという、いわゆる生物学な理由からです。二番目の理由としては、生きていくうえで必ずしも結婚することや子孫を残すことが必要ではなくなったこと。結婚も出産も個人から見れば必ず辿らなければならないライフコースではなくなったことが挙げられます。それを当たり前とするような規範がなくなったと言い換えることもできるでしょう。三番目は、現代文明の行き詰まりを予想させるような不安感。人々は、半ば無意識のうちに、先の見えない将来へ子孫を送り込むことに不安をいだいているのではないかというのがその理由です。

それらの要因とは別に、出産のタイミングもかかわっているのではないかと指摘する専門家もいます。女性が生涯に何人の子どもを産むかといった完結レベルの変化だけではなく、何歳で産むか、あるいはどのくらいの出生間隔で産むかというタイミングの変化によっても合計特殊出生率は変わってくるというのです。合計特殊出生率や完結出生児数に比べると副次的な問題と見られがちですが、将来人口の動向には少なからぬ影響を与えるという指摘です（岩澤美帆「晩産化と人口変動」『現代人口学の射程』ミネルヴァ書房、二〇〇七所収）。

二〇世紀前半の出生率の低下は主に完結レベルの低下にあったのですが、後半のいわゆる第二の「人口転換」の段階の出生率低下は、むしろ出生タイミングの遅れ、すなわち晩産化が主因となっているというのです。鬼頭氏もこの点に注目しているようで、過去三〇年間、夫（配偶者）のいる女性の年齢別出生率に大きな変化はないけれども、その代わりとして「初婚年齢が大幅に上がり、生涯未婚率も劇的に高まった。若者がなかなか結婚しなくなり、同時に生涯、結婚しない生き方をする者が増えた」とし、「その結果、一人の女性が一生のあいだに産む子どもの平均数を表す合計特殊出生率は、一九七〇年（二・一三）から二〇〇五年（一・二六）まで、三五年のあいだに四割も低下し、いわゆる少子化が進んだ」と述べています。

現役一人で老人一人を支える超高齢社会

人口減少との関連からいうと少子化とともに重要なのが高齢化です。人口問題の分野では、人口減少・少子化・高齢化を合わせて「人口問題のトリレンマ（三重苦）」と呼んでいますが、じつは、高齢化に関して日本は一番深刻な状況におかれています。人口減少も少子化現象も重要な問題であることに変わりはありませんが、とりわけそれらが、高齢化とセットになっていることが、事態をより複雑かつ困難にしているように思えます。まさに、わが国は人口問題に関してはトリレンマの状況におかれているのです。

そもそも高齢化とはどういうことをいうのでしょうか。人口学では、人口構造の年齢について大きく三つに分けています。一五歳未満の「年少人口」、一五歳から六四歳までの「生産年齢人口」、六五歳以上の「老年人口（老齢人口）」の三分類です。経済活動を担える人口は一五歳から六四歳までと捉えるので「生産年齢人口」と呼びますが、一五歳未満および六五歳以上は「従属負担人口」、つまり、生産年齢人口に扶養される人口と呼ぶこともあります。人口の高齢化にはさまざま定義があるようですが、一般的には老年人口比率、すなわち総人口に占める六五歳以上の老年人口の比率が増加することを言います。（高齢化率も同じ意味です）。

高齢化の指標としては、生産年齢人口一〇〇人に対する老年人口の比率である「老年従属人口指数」、あるいは、その逆で、老年人口一〇〇人に対する生産年齢人口「扶養係数」、言い換えれば老人一人を何人の生産年齢人口（現役）で支えるかの指標が用いられています。現在の日本の年金制度は、賦課方式といって老年人口を現役で支える仕組みになっているため、とりわけ後者はメディアなどにしばしば登場するので馴染みのある指標だと思います。

具体的に、今見た高齢化の指標と将来予測を重ねて見た時、驚嘆すべき実態が浮き彫りになりました。先程紹介した国立社会保障・人口問題研究所が行った推計によると、老年人口は一九三〇年に四・八％とわずかだったのが、二〇〇五年には二〇・二％に上昇、さらに二〇五〇年には三九・六％になり、これは総人口のほぼ四〇％にあたります。次に、高齢化の指標である老年従属人口指数と扶養係数で見てみると、一九七〇年、老年従属人口指数は一〇％を少し越えるくらいでしたが、二〇〇五年には三〇・五％となり、扶養係数は三・三人の現役で一人の老人を支える構図になります。さらに、二〇五〇年には老年従属人口指数は七六・四となり、扶養係数はついに一・三にまで低下してしまいます。これは、一・三人の現役で一人の老人を支える構図です。しかも、この一・三人のなかには、働いていない人も含まれているので、実質的にはほぼ一人の現役が一人の老人を支える計算になります。まさしく、世界一の超高齢化社会の出現です。

ところで、日本が高齢化社会になった理由として、平均寿命が延びたことが挙げられますが、じつはこれは完全な誤解であると河野稠果氏は指摘しています。河野氏によれば、平均寿命というのは生まれた時に何年生きられるかという確率の数字で、言い換えれば出生時の平均余命のことなのです。戦前一九三五〜三六年の平均寿命は男子四六・九年、女子四九・六年でしたが、二〇〇五年は男子七八・六年、女子八五・五年。男子は三二年、女子は三六年延びたことになります。そこで今の老人は昔より三〇年以上長生きするようになったといわれるわけですが、これは完全な間違い。戦前から今日まで平均寿命が三〇年以上延びたのは、主に戦前非常に高かった乳幼児死亡率や二〇歳前後の若者が罹った結核による死亡率が激減したからです。どういうことかというと、平均寿命は、老人の生存率だけでなく、子どもや青壮年の生存率も考慮した指標です。もとより、平均余命は老人のところでも延びることは言うまでもありません。しかし、その延びは短くて、七〇歳男子の余命は、一九三五〜三六年当時の七・六から一四・四へわずか六・八年延びただけであり、女子の場合は九年から一八・九年へと九・九年延びただけです。老人が三〇年以上長生きをするようになったわけではないのです。

河野氏は、平均寿命の伸長との関連を否定したうえで、高齢化の最大の要因は、出生率の低下にあると結論づけました。年少人口の死亡率が低下すると、人口ピラミッドの底辺が膨らんできます。この場合人口は高齢化するどころかむしろ若齢化するというのです。一般に死亡率が低下する時には、全年齢で死亡率の低下が起こります。中高年の部分、すなわち人口ピラミッドの上層でも死亡率の低下が起こり、結果として若年化の傾向は相殺されてしまいます。ところが、出生率の低下は、それが人口ピラミッドの底辺を縮小させる方向にしか働きません。したがって、人口高齢化の最大の要因が出生率の低下であることは間違いないというわけです。

トリレンマからいかにして抜け出すか

今、見てきたとおり、わが国は、まさに人口減少・少子化・高齢化が合わさった「人口問題のトリレンマ」の真っただ中に立たされています。私たちは、過去に例をみない、その意味で人類史上初めての事態を生きようとしています。

人類はその誕生期から進化、成長、発達を当たり前のこととして生きてきました。人口においても同様で、何回かの停滞期はあっても、それは成長・拡大するのが当たり前と思われてきたのです。人口が減少することなど想定外だったのでしょう。そのためか、人口の減少は、社会の縮小・衰退のイメージと結びつきます。労働人口が減り、生産力は弱体化し、消費人口も減少。それは景気の後退につながり、経済の停滞を余儀なくします。さらに高齢化というもう一つの難題が加わります。高齢社会の年金、医療、介護の負担は、少なくなった若者に重くのしかかってきます。税収は減り、財政はいよいよ先細り状態。社会保障制度そのものが崩壊の危機に直面することになるのです。人口減少という未知の経験が、不安、恐怖の感情を抱かせるのです。

しかし、言うまでもなく、縮小イコール衰退ではありません。私たちに必要なのは、縮小という事態を必然的な現象として受け入れることです。そして、縮小のビジョン、縮退の方途を見出すことではないでしょうか。今号は、人口問題のトリレンマの時代にあって、それをどう受け止め乗り越えていくか、その方途を探ります。

まず、歴史人口学が専門の上智大学経済学部教授・鬼頭宏氏に人口減少の意味するものは何か、お聞きします。鬼頭氏は、近著『2100年、人口3分の1の日本』で、「日本はこれまで数回、人口減少の時代を経験してきた。歴史人口学の視点から見るに、それは気候変動や戦争、災害といった不幸に伴う出来事ではなく、〈文明の成熟化〉に付随する必然的な歴史現象」だったとしたうえで、「人口減少をただ嘆いていても問題は解決しない。私たちは、人口減少をむしろ好機としてとらえ、次世代文明の構築に向けて知恵を働かせなくてはならない」と言っています。私たちの生活や環境は人口減少によりどう変化していくのか。具体的な事例を挙げながら考察していただきます。

次に、東京大学大学院人文社会系研究科准教授・赤川学氏に、「少子化対策は人口減少を解決する手段となりうるか」というテーマでお話を伺います。赤川氏は、二〇〇四年に著した『子供が減って何が悪いか！』で、「男女共同参画」が少子化対策としては無効であり、少子化がもたらすデメリットは、出生率の回復で克服するのではなく、低出生率を前提とした制度設計によって、社会全体でその負担を引き受けるべきと主張し、大きな反響を呼びました。赤川氏は、その考えをさらに進めて、人口減少の問題に踏み込んだ研究をされています。人口減少と少子化のかかわりについてお聞きします。

人口減少は、私たちの住まう現場である都市のあり方を大きく変えようとしています。日本全体でみると、人口減少は均等に進行するのではなく、不均等に減少していきます。東京一極集中が今後も進み、一方、地方都市はますます過疎化していく。限界集落や孤独死は、社会問題であると同時に都市問題でもあるのです。人口減少、高齢化という問題領域に、都市政策という立場からするどく切り込んでおられるのが法政大学法学部教授・五十嵐敬喜氏です。五十嵐氏は、近年所有権の放棄を軸にした「総有論」という概念から、人口減少社会の都市のあり方を研究されています。そこで、最後に五十嵐氏に、人口減少社会を見据えた新たなビジョンについてお話しいただきます。

（佐藤真）

参考文献

『人口学への招待 少子・高齢化はどこまで解明されたか』河野稠果　中公新書　2007
『現代人口学の射程』稲葉寿編著　ミネルヴァ書房　2007
『2100年、人口3分の1の日本』鬼頭宏　メディアファクトリー新書　2011
雑誌『city&life』特集シュリンキング・シティ　縮小する都市の新たなイメージ　一般財団法人 都市のしくみとくらし研究所　2008

鬼頭宏

人口学的「重荷」の時代……人口減少の意味するもの

平均寿命が九〇歳にもなろうという時代に、
今までと同じ老人観でいいのか、長い一生涯を連れ添うだけの結婚観でいいのか、
そういう問いかけを、今、みんなが知らず知らずのうちに始めていて、
まだ自分自身で実行できなくても、半信半疑でも、行き先はもうだいたい見え始めてきている。
今はそんな段階じゃないでしょうか。

……今回の特集は「縮退の方途」と題して、人口減少と急速な高齢化が同時進行するという、私たち日本社会が人類史上初めて経験するできごとをいったいどのように捉えていけばいいのかを考えていきたいと思います。

ご著書、『人口から読む日本の歴史』（講談社学術文庫、二〇〇〇）を興味深く読ませていただきました。先生のお考えでは人口の変動にはいくつかの大きな波があり、増加と衰退を繰り返していて、その波がこれまでにも四つくらいあったということですね。それがいつ頃起こり、またそうした増減は何によるものなのか、その辺りからお話しいただけますでしょうか。

人口は「金魚鉢の金魚」の原理で増減する

今わかっている限りで四回と言っていますが、細かく見ていけば人口の増減の波はもう少し多いかもしれません。ともあれその波は、たとえれば金魚鉢の中で金魚を飼っていて、一定の大きさの容器にはそれに見合った数の金魚しか入らないという、ごく単純な原理から起こっていると考えられます。つまり日本列島という器には、それに見合った人口しか入れられない。ただし金魚鉢にエ

日本人口の趨勢：縄文早期～2100年［表 1］

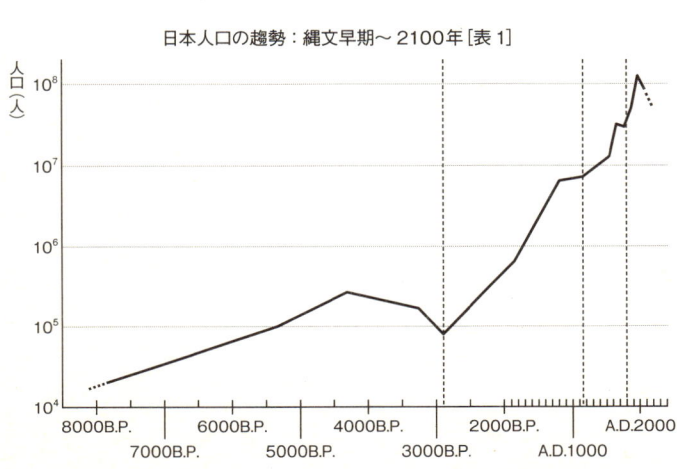

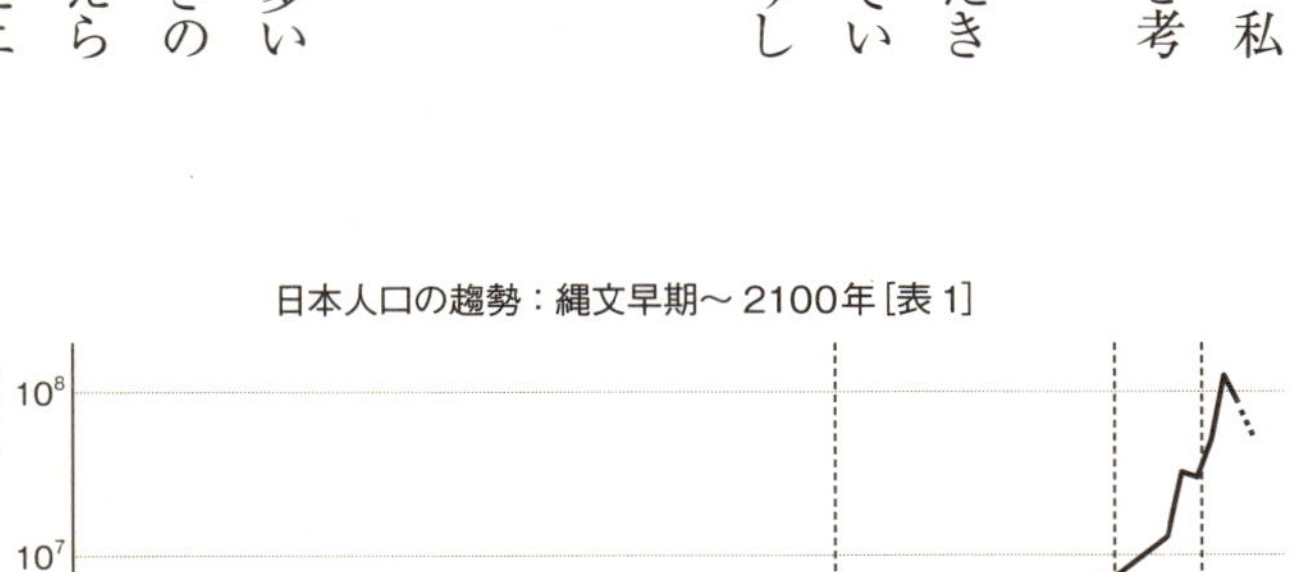

きとう・ひろし
1947年静岡県生まれ。慶応義塾大学大学院経済学研究科博士課程満期退学。現在、上智大学経済学部教授。専門は日本経済史、歴史人口学。日本で歴史人口学を創始した速水融に師事、「宗門改帳」などの資料をもとに縄文時代から江戸時代までの人口の推移を明らかにし、これに基づく人口問題や文明論への提言も多い。日本生活学会今和次郎賞、日本人口学会普及奨励賞受賞。著書に『2100年、人口3分の1の日本』メディアファクトリー新書、2011、『日本の歴史 19　文明としての江戸システム』講談社、2010、『環境先進国・江戸』PHP研究所、2002、『人口から読む日本の歴史』講談社学術文庫、2000、他。

アポンプや浄水装置を付けることで、もっと多くの金魚が飼えるようになるように、国土面積は同じであったとしても、その土地をどう使うかによって人口の収容力は変わってきたということです。

旧石器時代も縄文時代もそうですが、最初は狩猟採集経済ですから、そこに住める人間の数は自然の生態系の生産力で決まります。つまりドングリやクリやクルミといった木の実の量と、山野の鳥獣、川を上ってくるサケやマス、近海で獲れる魚介類など、そういったものの総量で養える人口が決まっている。そこへ稲作という新しい技術が入ってくると、養える人口が飛躍的に増え、それにあわせて人口も増えていきます。人口が増えるにつれて耕地も拡大し、そのプラスのスパイラルによってまた人口が増え、縄文時代にはピークが約二六万人だったのが、弥生時代には六〇万人くらいまでに増加しています。

こうした人口のピークは、奈良時代で五〇〇万から六〇〇万人、平安時代では七〇〇万人くらいと、新しい食料確保の技術や暮らし方が発明されるたびに人口が引き上げられてきました。しかし金魚鉢同様、国土面積には限界がありますから、収容力の限界に近づくと人口増加は停滞し、場合によっては減少へと転じます。

著書ではあまり強調していませんが、人口が収容力の限界に近づいている時には、ちょっとした気候変動や災害などでも人口がガタガタっと減ることがあります。室町時代の人口は一五世紀半ばで約一〇〇〇万人だったと言われています。江戸時代が始まる一七世紀初頭にはだいたい一五〇〇万から一六〇〇万人くらいで、それが一八世紀初頭には三一〇〇万人と倍増しますが、そこからはほとんど増えていません。そうした状況で天明の飢饉のような災害に遭うと人口が減少に転じ、一挙に三〇〇〇万人を割ってしまう。これは世界的な寒冷化の影響もありますが、やはりこの辺りが当時の人口の収容力の限界で、だから被害も甚大だったと考えてもいいのではないかと思います。

ずっと一〇〇〇万人台で推移してきた人口が、なぜ江戸時代に三倍にも増えたのでしょうか。ここまでの約一〇〇〇〇年間、基本的には日本が稲作農耕であることは変わらなかったわけですが、市

鬼頭宏
『人口から読む日本の歴史』　講談社学術文庫、二〇〇〇より

序章　歴史人口学の眼

四つの波

世界人口と文明の関連を洞察した経済史家チポラ(C.M.Cipolla)は、人類は過去一万年間に二つの大きな経済的革命を経験した、と述べている。(『経済発展と世界人口』)。農業革命と産業革命である。農業革命は食料生産と家畜の利用を内容とし、産業革命は化石燃料を中心とする非生物的エネルギー資源の多用に特徴がある。いずれの革命も食糧、光熱、動力などのさまざまな形態で人間の利用できるエネルギー量を飛躍的に拡大させ、大きな人口増加を可能にした。二つの革命は人間社会を、原始社会、農業社会、そして産業(工業化)社会に分けたが、人間の依存するエネルギー源の性質によって人口学的特徴にも明瞭な差異が生じることになった。

チポラが世界人口について指摘した文明と人口の関係は日本でも見ることができる。縄文時代から二十一世紀に至る日本人口の推移を、何人かの研究者による推計に基づいて表1にまとめてみた。

推計人口は、それぞれ信頼度も異なり、年度間の開きもまちまちではあるが、過去一万年に四つの波があったことを認めることができる。第一は縄文時代の人口循環。第二は弥生時代に始まる波、第三は十四・十五世紀に始まる波、そして最後は十九世紀に始まり現代まで続く循環である。

そのうち弥生時代から十世紀以降にかけて見られる大きい波が、稲作農耕とその普及による人口増加であり、十九世紀に始まるもう一つの高まりが、工業化に支えられた人口成長である。

農業社会そして産業社会を分けるこの二つの革命

場経済が進んで農民の生産意欲が増していくとか、新しい品種が中国から入ってくるなどのさまざまな工夫があって、三〇〇〇万人台まで増大しました。しかし当時は化学肥料も農薬もありませんから、これが精いっぱいだったろうと思います。生産や生活を変える新しい技術が日本列島の人口の収容力を大きく拡大すると、一旦は人口は増えていくけれど、目一杯普及してしまうと人口はもうそれ以上増えなくなってしまう。日本の人口の推移はそういうことの繰り返しだったと考えています。

二一世紀的人口の「成長の限界」とは

現代の人口の動向も、同じ考え方で説明できると思っています。日本で少子化が始まったのは一九七四年。翌七五年には、一人の女性が一生に産む子どもの平均数、すなわち「合計特殊出生率」が二を割り込み、以後ずっと三〇年間、出生率は落ちっぱなしとなります。日本が特別なのかというとそうではなく、西ヨーロッパでもアメリカでも、七〇年代には相前後して出生率が落ちています。

オイルショックが世界を襲ったのが一九七三年で、この辺りが一つの引き金だったのではないでしょうか。その前年の七二年にはローマクラブ（資源・人口・環境破壊・経済などの全地球的課題に対処する民間のシンクタンク）の報告書で、今までどおり人口が増加して経済成長を続けていくといずれ資源が枯渇してしまうという、「成長の限界」が示されています。石油はあと三〇年でなくなると言われたのもこの時で、これがオイルショックによって本当にそういう時代が来たと思われてしまった。

誤解の無いように言っておくと、イスラエルとアラブ諸国の間に起った第四次中東戦争で、アメリカなどのイスラエル支持国に対してアラブ諸国が「もう石油を売らないぞ」と言ったのがオイルショックで、もともとは「成長の限界」とはまったく無関係でした。しかし日本では、その石油不

のほかに、日本人口の歴史にはあと二つの変化が認められる。それは四千～五千年前の縄文中期にかけての高まりと、十六・十七世紀の急速な人口増加である。前者は狩猟・採集・漁撈《ぎょろう》に依存する原始社会の中での人口変化であるが、旧石器時代に代わる縄文文化の発展と気候変動が結びついて引き起こしたものであった。後者は農業社会の中で生じた経済システムの変化――市場経済化に伴う変化である。

人口増加の法則

このように、日本の人口は四つの循環を積み重ねるように増加してきたことが確かめられるのだが、そのメカニズムはどのようなものだったのだろうか。また、なぜいったん生じた人口増加はいつまでも持続することなく、やがて衰えて停滞的になったのだろうか。少しばかり寄り道をして、人口増加の法則について話をしておきたい。

生物が生きていくためには一定の食糧と空間が必要である。それでは一定量の食糧と空間が与えられているときに、生物個体数はどのようなぐあいに増殖していくのだろうか。アメリカの生物統計学者であったパール（Pearl）とリード（Reed）はこのような疑問を抱き、実験を試みた。パールらは牛乳瓶に一つがいのキイロショウジョウバエを十分な餌とともに入れて、日数の経過につれ個体数がどのように増えるかを調べたのである。何通りもの条件を設定して実験した結果、いずれの場合にもショウジョウバエは無限に増殖することはなかった。初めはゆっくりと、そして次第に増加速度を速めたのち、ある水準に近づくに従って再び増加率は落ち、ほぼ一定数を保つことが認められた。

一九二〇年に発見されたS字形の増加曲線は、ロジスティック曲線と名づけられた。これは一世紀以前にすでに発表されて以来、長い間忘れられていた法則だったが、パールらによる再発見以後、この曲線はた

足がローマクラブの予言が的中したように受け止められてしまい、「資源は有限」ということが強く印象付けられたんだと思います。

ところで、一九六九年にはアポロ一一号が月に着陸しています。その頃から宇宙にポカッと浮かぶ地球の姿が、新聞や雑誌の誌面を飾るようになりましたが、こうした写真では地球がひどく孤独な存在に見えるんですね。漆黒の宇宙の闇の中に、青くて美しいけれど非常に小さな天体がたった一つ浮かび、当時はそこに四〇億くらいの人がいて、その人口はどんどん増え続けている。こうして地球を外から眺められるようになったことは、資源に限界があることや閉塞感をなおさら強めたに違いありません。

一方六〇年代には、すでに日本でも公害が大きな社会問題になっていました。レイチェル・カーソンが『沈黙の春』を刊行したのが六二年で、農薬のせいで春になっても鳥が啼かなくなってしまったと、生態系の汚染に対する問題提起がなされています。こうしたことなどが相まって、六〇年代から七〇年代にかけては、将来は非常に暗いんじゃないかという考え方が世界中に広がった時代だと思います。

そもそも世界の人口が四〇億人なんて多すぎるから、とくに爆発的に増加し続けている発展途上国の人口を何とかしようと、国連が中心となって抑制に乗り出しています。中国も鄧小平の時代になった一九七九年から「一人っ子政策」を始めますが、そんなふうに七〇年代には、世界中が否応なく人口増加を傍観してはいられない時代へと突入していく。そして、途上国にもっと出生率を落としてもらうには、私たちもお手本にならなければならない。そんな意識が先進国の間にも強くなっていきました。

とくに日本は、昨今のCO_2削減の問題でもそうですが、こういうことには律義ですから、手本を示すためにも自分たちの人口増加を早く止めなければいけないと、政府が強く主張を始めます。これが一九七四年です。先にも言ったように、こうした主張を受け入れる土壌が国民にもすでに用意

いていの生物に当てはまることが確かめられた。人間もまた例外ではない。

ただし人間は、環境に対して技術によって働きかけ、あるいは行動様式を変更して文化的な適応を容易になしうるから、環境のもつ人口支持力は固定的ではない。技術や制度のエポック的革新が社会の人口支持力を拡大して余裕が生じると、人口を増加させる機構が働きはじめる。そして、新しい上限に近づくと、抑制機構が働き人口は停滞する、という運動が繰返しひき起される。したがって長期的に見ると、人口はいくつものロジスティック曲線を積み上げるようにして、波を描きながら成長することになるのである。

大陸の縁辺に位置して、大規模な人口流出を無視できる日本列島は、そのような人口増加の歴史を見るうえで、まさに格好の実験室であったと言ってよい。

文明システムの転換モデル
―人口圧力が高まった成熟期は環境変動に弱い―

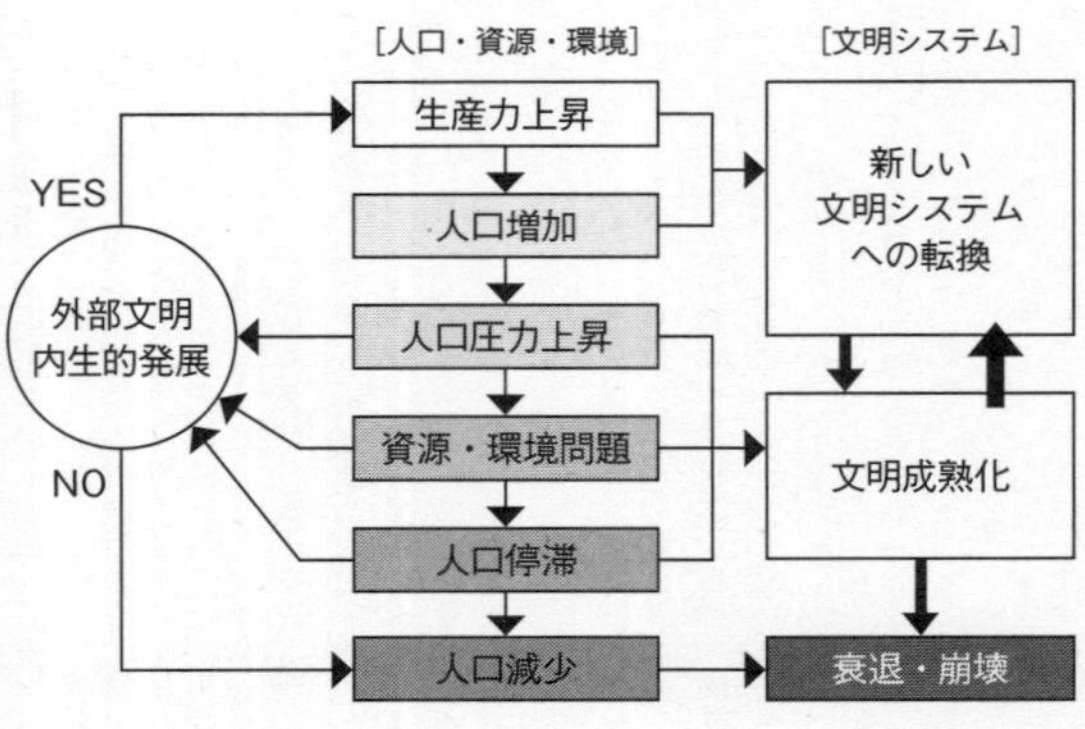

されていて、その後は出生率がずっと落ちていきます。経済学者は、現在の人口減少は女性の社会進出や教育の高等化による晩婚化・非婚化のためだなどと指摘します。それはそれで正しいのですが、少子化は世界同時発生的な現象ですし、やはり背景に「今のままでは私たちの将来はない」という意識が、未来像として広く共有されていたのだと思います。

社会を成り立たせているシステム、それをライフスタイルと言ってもいいのですが、私自身は人類学者の梅棹忠夫さんの言葉で「文明システム」という言葉がいちばんいいと思っています。その文明システムが行き着き、陳腐化した時に人口増加は停滞する。逆にそこに新しい要素を取り込んだり、あるいは何かを発明して新しい技術やシステムができると再び人口が増えていく。今起っていることも、そうした繰り返しの一つなんだろうと思います。

なぜ、危機は予測できなかったのか？

……今起りつつある急速な人口の減少に対して、労働力の減少や社会システムの破綻、都市への人口の一極集中や流動性の低下など懸念されることはたくさんありますが、七〇年代当時、そういう議論はあまりなかったのでしょうか？

理屈で言えば、人口が減れば消費も減るし流動性も低下しますから、そういう批判もあったとは思います。が、当時はむしろプライバシーという言葉が一般に広まった時代で、子どもを産む／産まないといった個人的なことに国があれこれ指図すべきではないというような、どちらかというとプライバシーの侵害という批判の方が多かったんじゃないかと思います。経済学者や人口学者のなかには、増加を止めるだけでは生ぬるい、減らすべきだと主張した人もいたくらいで、当時はそれほど人口減少に対する危機感はなかったのでしょう。

Japanese Pole
—外部文明との接触と日本文明の転換—

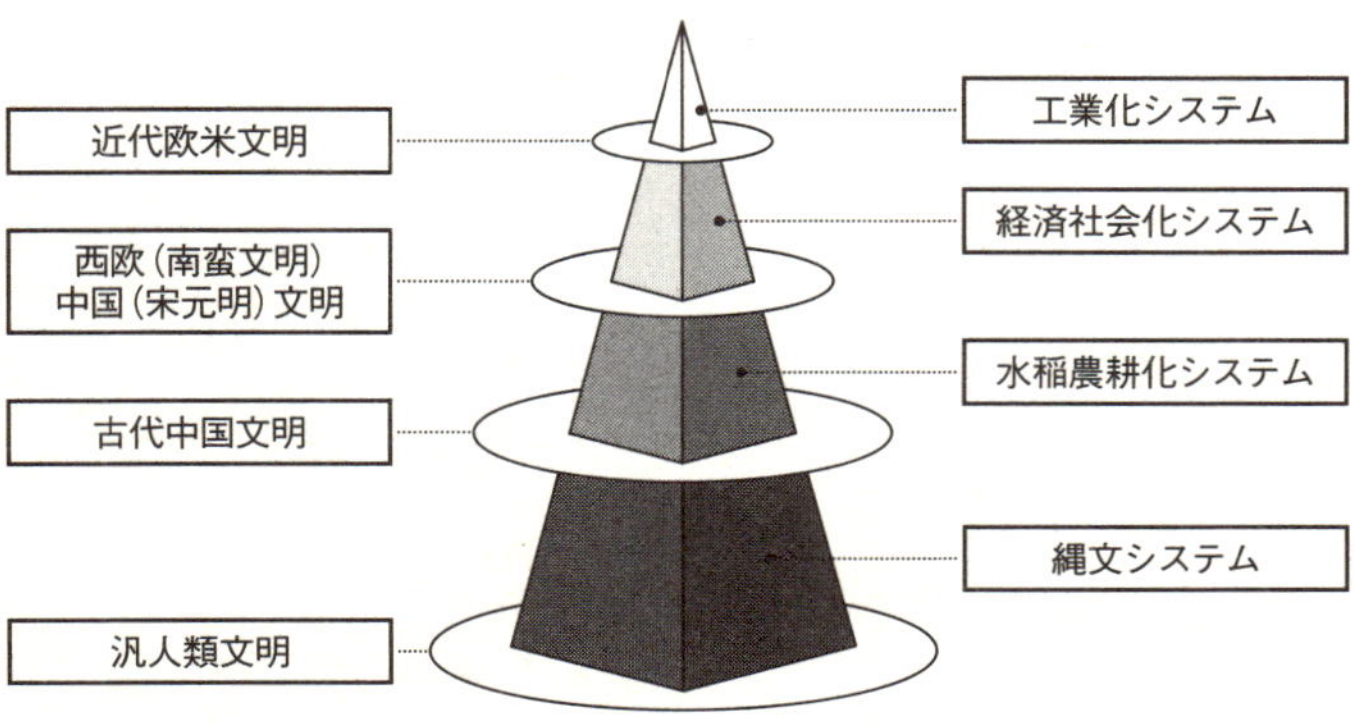

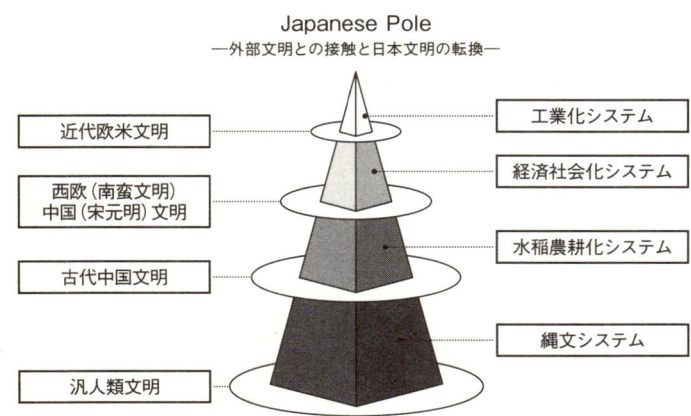

人口が増えも減りもしないで静止する「人口置換水準」というのがあって、先程挙げた合計特殊出生率「二」という数値は、ほぼこれに当ります。正確には二・〇七で、これは若年層の死亡率などによっても変わってきますが、日本では夫婦がおおむね二人の子どもを産めば、人口は増減なく維持されるはずでした。しかし先程も言ったように、一九七五年には初めてこれを下回っています。

七四年の人口白書によると、出生率が人口置換水準より四%少なくなれば、二〇一〇年までは人口が増えるけれども、二〇一一年からは人口が減るという予測を出していて、これはほとんど的中したことになります。実際は予測より出生率の低下のスピードは速かったのですが、それでも現実に人口が減り始めるのは三〇年から三五年先の話で、すぐには減らない。むしろすぐ減らないことが問題で、だから少しでも早く出生率を低下させようという論調が支配的でした。

ところがここに高齢化という問題が出てきます。人口増加率が落ち、一方で生活環境の改善や医療の発達で寿命がどんどん伸びてくると、当然ながら高齢化、当時は老齢化という言い方をしていましたが、それは着実に進んでいきます。ですから八〇年代には、人口の規模よりもむしろ高齢化の方がクローズアップされていました。

人口減少が現実的な問題として意識されるのは九〇年代に入ってからです。人口オーナス、——オーナスとはボーナスの反対語で、生産年齢人口の減少や高齢人口の増加によって人口問題が経済発展の「重荷」となった状態をいいますが、その予測はずいぶん前にできてはいたのですが、やっぱり現実に起きていないと議論にならないんですね。とくに政治では今起きていないことに予算はつけられない。ですからそういう意味で動きが鈍いところがあります。現実として問題がはっきりした時には、時すでに遅しというふうになりかねない。

ご存知のように丙午、すなわち「ひのえうま」の年には気性の激しい女性が生まれるという迷信から、江戸時代以降この年の出生率は大きく減少するようになりました。いちばん最近の丙午は一九六六(昭和四一)年で、この年の出生率は一・五八でした。ところが一九八九年の出生率はそれを下回る一・五七だったというので大問題になった。出生率はそれまでにも十分下がってきていたにもかかわらず、です。

白書をずっと見ていくと面白いんですよ。高齢化が問題になったのは八〇年代です。七〇年代には高齢者の人口はもう七%を超えていましたが、それから二十数年後に一四%を超えた辺りから「高齢社会」といわれ大きな問題となっています。八〇年代には労働力の不足も話題にのぼりました。まだ生産年齢人口は減ってはいませんでしたが、外国人の労働力を入れていこうという動きがあり、それが九〇年には、日系ブラジル人などを中心とした定住型の受け入れ制度をつくっていく。そんなふうに問題が起きてから、その都度その都度対応してきた現状が見えてきます。ですから七四年には人口の減少は十分予測できていたけれど、三〇年も先のことに誰も対処しようとしなかったということなんでしょうね。

「人口学」の日本における現状

……ところで、日本の人口学は欧米に比べると元気もないし人気もないとうかがいましたが、そういう意見についてはどう思われますか。

人口の問題というと、もっぱら社会学者や経済学者が発言していますが、彼らは自分を人口学者とは言いませんね。一九四七年には「日本人口学会」が創設されていますが、会員はずっと五〇〇人程度で、私が入った三〇年くらい前からぜんぜん増えていません。その理由の一つは、アメリカの大学では学部があるのに、日本では学部も学科もなく、講座を開いている大学さえごくわずかだという現状があります。しかも社会科学や社会福祉だったり経済だったり、医学部の公衆衛生、あるいは理学部の統計学や文学部の中の社会学、地理学など、人口を扱っている学問分野もさまざまです。

要するに扱っているのは人口、つまり人の頭数だけれど、その何を問題にするかでどこからでもアプローチできるのが人口学なんです。出生や死亡なら公衆衛生学や医学、住む所なら都市問題や農村問題としての地理学、移動もそうですよね、生産年齢の人口や高齢者の福祉なら経済学、そこに家族などの問題が絡めば社会学になったりと、非常に多面的で、いわば寄せ集めの所帯です。ですから学会でも、当初は共通の言語をつくることが重要だと考えられ、用語の統一などを一生懸命やっていた時期もありました。さまざまな分野の研究者が一緒になってやっていくのは、学問領域としての自立性が見えにくいということもあるかもしれません。純粋に理論があって勉強しやすく論文も書きやすい方がいいと考える研究者にとっては、魅力の少ない分野と映るかもしれません。

それにもう一つは、情報を握っているのが官庁だということ。大規模な調査というとやはり国勢調査で、これは総務省の管轄になりますし、人口動態統計も総務省や厚生労働省の管轄で、結局官庁にすべて握られている。この領域に官僚や関連の研究者が多く入っているのも、他とは学問風土が違う理由の一つでしょう。

……逆にそうした学際的（インターディシプリナリー）な領域の方が、学問としては面白そうに思うんですけどね。先生がやっていらっしゃる「歴史人口学」も、江戸時代の宗門改帳《しゅうもんあらためちょう》や過去帳を綿密に調査して、人口の具体的な内訳や結婚、出生、死亡などのありように言及されていて、まさに学際的な研究を実践されておられる。

とくに人口のような問題はトータルに見ていかないと何も見えてきません。そういう意味では、人口学会は学際的な学会としては結構歴史があって、それはもう少しちゃんとアピールする必要があるでしょうね。

でも私自身も最初から人口学をやろうと思ったわけではなくて、人の暮らし方やその変化への興味から入っていったんです。その前は植物や昆虫などの生態系に興味があって、専攻した経済学で生態学に一番近いのが人口問題だったというわけです。人の暮らし方やその変化というのは民俗学の領域ですが、中学の国語の教師が民俗学者の池田彌三郎の系統の人で、池田彌三郎は折口信夫の弟子ですが、そんな縁から中学生の頃には柳田國男なんかも読むようになっていました。

私が高校に入ったのが一九六二年で高度経済成長が始まった頃だし、大学に入った六五年はその真っただ中。生活はどんどん変化し、農村と都市の格差がものすごく広がった時代です。東京育ちの私には民俗学が記録しているような古い暮らしというものが、どういうものなのかよくわからなかった。だから興味があったんですね。大学で「暮らしの歴史」を調べたいと言ったら、速水融先生が「じゃあ俺のところに来い」と言ってくださったんです。

人の生活に即した「民勢学」的視点の重要性

私の恩師・速水融さんは、日本の民衆の生活や文化、歴史を研究する機関として渋沢敬三が創設したアチック・ミューゼアム・ソサエティを前身とする「常民文化研究所」の研究員を経て慶応義塾大学の教授になった人で、フランスのルイ・アンリが確立した「歴史人口学」を日本で始めた最初の学者です。アンリはキリスト教教会の教区簿冊を綿密に分析して、個々人の出生・婚姻・死亡を通して人口の詳細な変遷を調べましたが、速水さんはちょうど同じことを江戸時代の宗門改帳で始めたばかりの頃で、私もそこに引きずり込まれたわけです。

しかしそうした詳細な記録に基づく調査や研究を通して、単に頭数の問題だけではなく、何歳で結婚して何人子どもを産んで……といった個々の具体的な生活が、出生率はもちろん、寿命や死亡率にも密接につながっていることがわかり、最初にお話ししたような、その総体としての大きな人口のシステムが見えてきました。もともと人口は同じ状態を保とうとする傾向があって、増えも減りもしない状況がいちばん安定しているんですね。それがどこか一カ所崩れると不均衡が生じ増加や減少が起こる。そういうことを、もう少し人口学的にちゃんと説明できないかと考えています。

速水さんの下で学んでわかったことは、人口学は英米流に言えば「population studies」ですが、フランス流に言えば「Démographie」で、これはギリシャ語の「demos（人びと）」と「graphia（記述する）」、すなわち「民衆の生活を記述する学問」ということなんです。人口学の学問的な意味としてはこちらの方が重要で、日本でも大正時代くらいまでは人口学というよりは「民勢学」という言葉が使われていました。

……面白い命名です。しかし今、民勢学という訳語はほとんど使われませんね。

ええ、速水さんと私が『日本経済史』（岩波書店、一九八八）の中の一章を書いた時にわざわざ使った他はほとんど使われません。辞書で見るとDémographieは人口統計学と出てきますが、そう訳してしまうより民勢学とした方が面白い。明治の人は語源までさかのぼって、よく考えて訳していると思います。本来人口学はそこを見るべきなんですね。国が調査する「国民生活基礎調査」も国民の生活を知るために行うのですから、単なる数字としてではなく、その質を問う必要がある。population（人口）のスタディでは、ただの頭数の問題になってしまう。

……人口学だけではなく歴史学にも経済学にも言えることですが、時代を輪切りにしてその時点の状況を解析して見せるだけではなく、全体をダイナミクス（動態）として見て、その変容のあり方、そのダイナミズムに着目するという傾向が出てくるようになりましたね。

ええ、それが非常に大事だと思うんです。今の時代は一〇〇年か、極端に言えば五〇年前まではあったある種の均衡が崩れつつあり、私たちは今、次の新しい均衡を探し求めているところではないかと思います。

これまで国や地方自治体がやってきたこと、そしてこれからやろうとしていることは対症療法にすぎません。人口が多くなったから少なくしなければいけない。労働力が減ったから外国人を入れなければならない。高齢者が増えたから福祉も考え、子どもが減ったから子ども手当をばらまいてみる。そうではなくて、生活全体の体系、つまり文明システムをどう構築し、そのためには何をしたらいいのか、どういう行動をすべきかを真剣に考えていく必要がありますね。

とはいえいつまでも考えるばかりだと、日本はまず人口の減少が急速に進んで持続可能性を失ってしまうでしょう。私は今世紀のうちに人口減少に歯止めをかけるためのタイムリミットは二〇三〇年頃だと考えています。それまでに新しい生活のあり方を打ち出さなければなりません。私たちに残されているのはあと二〇年くらいしかないのです。

核家族の登場は、江戸時代以来の大変革だった

これは速水さんが指摘され、私も実際に調査して確認したんですが、江戸時代にも一七世紀と一八世紀の間にライフパターンの大きな変革が起こっています。

一七世紀には、東北や九州、信州などに二〇人から三〇人くらいの大規模な世帯がまだたくさんありました。東北ではそうした世帯が一つ屋根の下に住んでいたり、九州だと分散して同じ敷地内に住まうというように地域による違いはありましたが、農業経営の単位として大規模な世帯があったわけです。これは古い中世型のタイプで、いわゆる名主《みょうしゅ》という大規模な土地を所有する者がいて、家族や親類縁者、さらに隷属農民といって、生涯にわたって作人や下人として雇われているような

人たちも一緒になって農業を行う、いわば大規模経営の農家です。

しかし江戸時代が進み市場経済が農村にも浸透してくると、効率が求められるようになってきます。たくさん稲をつくろうと思えば、より勤勉な労働力が必要になる。そうすると、家族だけでやった方が一生懸命に働きますから、実は効率がいいことがわかってきます。もちろん少人数では耕せる農地は限られますが、狭くてもそこに勤勉な労働力を注ぎ込んだ方が面積当りの生産性が高くなり、経営もうまくいく。そこで替わって主流になっていったのが、親子三代で同居しながら、跡取りだけが家に残って家と土地を継いでいく直系家族制でした。

そういうライフパターンが広まっていって、二〇人、三〇人という大世帯は次第に解体さていき、一八世紀にはそれがほぼ定着して、四、五人の規模の家族へと収斂していきました。これが今、私たちがごく普通に思い浮かべることのできる伝統的な農家のあり方です。で、跡を継げない次男や三男以降の男や、女の子たちは外へ出て結婚するか、都市へ流れていく。その後このライフパターンは、おそらく高度成長時代まで長く変わらないままでした。農家の戸数も明治以来、ずっと五五〇万世帯くらいで、ほとんど変わっていません。労働人口も、農林業をあわせて一四〇〇万人くらいで、あまり変わらない。というのは、跡継ぎだけが跡を継ぐわけですから、その中心部分はぜんぜん変わらないわけですね。

直系家族世帯による農家では、余分な農地もないし水も限られていますから、子どもはぎりぎりの数しか産まなくなります。当時は子どもの死亡率が高くて、たぶん半分くらいは成人する前に死んでしまったことでしょう。家を存続させるには男の子が最低一人は必要ですから、半分が女の子で半分が途中で死んでしまうとすれば、四人は産んでおきたい。しかし、それではちょっと心配なのでもう一人産んでおくとして、五人というのが理想的な選択です。だいたい五人産んでおけば跡継ぎも確保できるし、村の人口も維持できる計算でした。

しかし江戸時代中期には寒冷気候が支配的になったこともあって、飢饉が頻発しています。です

第四章　江戸時代人の結婚と出産

2　結婚

有配偶率

人口再生産ににとっての最初の関門は、結婚によって、子を育てる場としての家族が形成されることである。

十六・十七世紀は、婚姻革命と呼んでよいほどの大きな変動が起きた時代である。それ以前と比べて、有配偶率、つまり結婚している者の比率が著しく高まった。その理由は、第三章で述べたように、小農民自立の過程で配偶者を持つことの少なかった隷属農民が消え、家族形成が進んだことにあった。

十七世紀から十八世紀にかけて、有配偶率がどのように変化したのかを、湯舟沢村の例がその片鱗をうかがわせてくれる。木曽の最南端に位置するこの村には、十七世紀初期の肥後農村ほどではないが、十七世紀末期になっても比較的多数の譜代下人が存在していた。一六七五年には全世帯の三分の一が下人を抱えており、人口比では一三%を占めていた。

しかしここでも一世紀後の一七七一年には下人を持つ世帯は五%に、下人人口も七%に減少する。この間に平均世帯規模は九・〇人から七・二人まで縮小した。

このような世帯規模と人口構成の変化を背景に、有配偶率、既婚率は上昇した。一六歳以上の人口の有配偶率と離死別を合算した既婚率は、男性全体で五四%から七〇%へ、女性で六八%から八六%へと、ともに一五ポイント以上も高まったのである。(…)

結婚の持続期間

婚姻は夫または妻の死亡と離婚によって終わる。したがって平均余命が短い江戸時代には、夫婦が共に暮す期間は現代よりずっと短かったはずである。離婚を考慮に入れなければ、結婚時の平均余命から

から冒頭言いましたが、理想的な五人を産むこともできなくて、人口がガタガタッと減ってしまうようなこともありました。それが明治時代頃になると理想通り五人くらいの子どもが産めるような環境になりますが、環境が改善されたことで子どもの死亡率も低くなり、人口はどんどん増えていくことになります。そのたくさん生まれた分もみんな都市に行き都市の労働力になる。そういうことがずっと続いていたんですね。それが大きく崩れていくのが高度経済成長の時代です。

この時期、「集団就職」が盛んに行われ、農村から都市へと莫大な人口が流れ込んでいます。農村人口が減っていき、替わって都市生活が暮らしの主流になっていくということがあって、六〇年代の都市には、主に地方から流入してきた人たちによる「核家族」が本格的に増えていきます。彼らは核家族の中で子どもを産んで育てるのですが、その子どもは成長すると独立して、また新しい世代の核家族を形成していきます。その後には高齢の夫婦だけが残り、最後には連れ合いも失って一人暮らしになってしまう。こうして九〇年代以降には、独居老人が急速に増え始めるわけです。

高齢者で単独世帯というのは八〇年代までは一〇%もないのですが、九〇年代以降どんどん増えてきた。一九八〇年には子ども夫婦と同居する高齢者は五〇%以上いて、独身の子どもとの同居をあわせれば七〇%くらいは家族一緒に住んでいたのに、それが急速に減ってしまう。そういう大きな変化がどんどん起ってくる。

高度経済成長の要請で都市に集中した人口が、核家族という新たなライフパターンをつくり、約半世紀にわたってこれを試行してきたわけですが、つまりこれは、江戸時代以来私たちが初めて遭遇した、家族という文明システムの大きな変革だったと言うことができるでしょう。

新しい文明システムへの課題

核家族の女性たちも、七〇年代くらいまではだいたい二人くらい子どもを産んで、出生率は二・一

有配偶年数は三〇〜三五年になるはずである。しかし実際に観察された有配偶期間はどこでもそれより短かった。長いほうに属する信濃国横内村（前期＝一六七一〜一七五〇年）の二七・七年から飛騨高山（市外出生の妻）の八・九年という短命な例まで、かなり大きな地域差があった。

地域差は、死亡率の違いよりはむしろ離婚率の高さに原因があった。結婚の終了理由のうち離縁の占める比率は横内村（持続期間前期二七・七年、後期二三・四年）一一％、湯舟沢村（同二三・七年）一五％、濃尾農村（同一九・〇年）一六％、陸奥国下守屋村（同一九・〇年）三五％と、持続期間と離婚の率は反比例している。濃尾農村の場合は妻の死亡と離縁を区別できないケースが多数あるので、実際の離婚率はもっと高かった可能性がある。平野部農村や都市部のように、就業機会に恵まれ、人々がより流動的な地域において、持続期間が短いことも、離婚率の高さとの関連性を想像させる。

伝二郎の結婚

湯舟沢村の八郎・なべ夫妻が四十年もの長い期間を、無事に共に過ごすことができたのは、平均余命の短い江戸時代にあってはまことに幸運であった。これにひきかえ、同じ湯舟沢村に生まれた伝二郎（のちに与兵衛と改名）の結婚は対照的に、波乱に満ちたものだった。

伝二郎は一七三九年に二一歳で初めて妻を迎えた。相手は村内のしわという名の少女で、年は一五歳という若さだった。しかしこの結婚は長続きしない。伝二郎は翌一七四〇年に、しわを離縁してしまったのである。実家へ戻ったしわは、一年後の一七四一年に、村内の別の家へ一七歳で嫁いでいる。

一方、伝二郎は離婚二年後の、一七四二年に、隣村馬籠《まごめ》村から一九歳の娘を嫁に迎えた。新しい妻の名前は知られていない。年齢から見て、おそらく初婚

から二・二辺りを保持していましたが、何度もお話したように七五年に二を下回って以来、どんどん子どもを産まなくなっていって、人口の減少に拍車がかかっているのが今の状況です。この出生率がなかなか安定しない原因の一つには、やはり核家族の中で子育てをどうするのかというシステムが、うまくできあがってこなかったということがあると思います。

たとえば直系家族世帯で親子三世代が同居していた農家では、家族の中に子どもの面倒をみる人が大勢いましたし、農地と家は近くて、連れて行っても家に置いておいても何となく目が届いて、そんなに不便はなかった。しかし現代の核家族の状況はまったく違っているのに、これまでどおり妻に子育てを任せるとしたら、女性は家事も子育てもして、外で仕事もしなければならない。そんなことなら結婚もしたくないし、子どももなんかいらないと判断するに決まっているわけですよね。

ですから核家族がもう否定できないライフパターンであるとするならば、夫婦だけで子育てできるしくみを充実させなければならない。それは保育所でも何でもいいんですけれども、それと同時に男女の役割分担も変わっていかなければなりません。少なくとも男性も一緒に家事や育児をする必要があるでしょう。北欧やフランスではかなり重点的に男性の育児参加を促進しましたが、それが日本でできるかはまだわかりません。男性もだんだんと育児休暇が取れるようにはなりつつありますが、まだ社会が変わり切っていない。これはぜひ変わり切らなければならないと思います。

もう一つは長寿の問題。江戸時代の女性は二〇歳前後で子どもを産み始めて、だいたい四〇歳くらいまで産み、六〇歳すぎで亡くなっていました。その時にはいちばん末っ子も成人するくらいになっていて、ちょうどその頃に死ぬのが平均的だったわけです。男性もほぼ同じですが、妻よりも年齢が高い場合が多いので、その分早く死ぬ可能性も高い。しばしば末子が成人になるより早く死んでしまって、上の子が親代わりとなって下の子の面倒をみるというケースもあるくらいで、「老後」というものがあまりなかったわけです。

ところが今は男性も女性も長生きするようになって、子育てが終わった後の時間がやたらと長く

と思われる。二回目の結婚も妻の離縁により短期間で終了し、一七四四年に伝二郎の女房は生家へ戻った。伝二郎が二人の妻と別れた理由は明らかではないが、どちらの場合も、子どもは生まれていない。

与兵衛と名を変えた伝二郎は、一七五一年に三回目の結婚をする。三人目の妻は村内のたけ、一八歳で初婚である。この結婚では五年目に男子与藤次が生まれたにもかかわらず、一七五七年には離婚してしまう。たけは子どもを夫の家に残して実家へ戻ったのち、一七五八年に二五歳で近村手賀野村で再婚した。

伝二郎は四人目の妻を、三回目の離婚直後の一七五八年に、近村瀬戸村から迎えた。二六歳、結婚歴は不明である。しかしこの結婚も「短命」であった。翌年、妻は実家へ戻った。先妻のもうけた与藤次は新しい妻のやってきたのと同じ年に、四歳の短い一生を閉じている。

五回目の結婚はおそらく離婚直後になされたのだろう。一七五九年に隣村山口村の二六歳の妻を迎えた伝二郎は、四一歳となっていた。今度の結婚は六年間続き、男子十太郎をもうけたが、またまた一七六五年に離婚してしまった。

伝二郎の最後の結婚は一七六七年、四九歳の時であった。残りの生涯をともに過ごすことになる妻は山口村出身の三四歳の女性である。結婚の翌年、女子あきが生まれた。今度こそ伝二郎は安定した夫婦関係を得ることができたのであろう。結婚は十五年続き、伝二郎の死亡によって終了した。伝二郎六四歳、女房四九歳の一七八二年のことだった。

なった。もちろん長いのはいいことで、これは人類がもらった大きな宝物だと思うのですが、その時間をただ趣味に費やしていいのかということですよね。人類が初めて手にしたこの「長い老後」をどう使うかは、社会に対してもものすごく大きな影響力があると思います。

たとえば「おばあさん仮説」というのがあって、ほとんどの動物は死ぬまで生殖ができるというか、生殖ができなくなるとすぐに死んでしまいますが、人間の女性だけは閉経したあと、生殖のできないいわゆる「おばあさん」になる時間が与えられている。それはなぜかと考えて、そのおばあさんの時間こそが人間の文化を育み、次の世代へと伝えていく時間なんだという説で、もしそうだとすれば、高齢者の社会的役割をもっとポジティブに引き出す必要があるでしょうし、引き出すことはできるのではないか。これは非常に大きな課題です。

……まだ実際には少ないかもしれませんが、「育ジイ」「育バア」などという言葉が出てきたように、自分の孫に限らず、高齢者が生まれたばかりの赤ちゃんの面倒をみることを推奨する人もいるようですね。

年寄りに育てられると「三文安い」という諺があって、年寄りはつい甘やかして育ててしまいますから、そこは気をつけないといけませんね（笑）。

……江戸時代には子育てが終わる時期と死ぬ時期がほぼ一緒だったというお話でしたが、平均的な世帯にはおじいさんやおばあさんはいなかったということでしょうか。

いや、もちろんいたのですが、それほど長生きできないから三世代がちゃんと揃っている時期は意外に短くて、見かけは核家族と同じかたちになるようなことも多かった。一九二〇（大正九）年に行われた第一回目の国勢調査を見ても、私たちの想像以上にそうした見かけ上の核家族は多いんですね。四世代も同居するようになるのは、長生きできるようになってからの、比較的最近の話なんです。

江戸時代と比べる離婚と再婚のありかた

……現代には単身者の問題も大きくあって、とくに男性は三〇代・四〇代でも結婚しない人は増えていますが、江戸時代の農村にも単身者世帯はあったのでしょうか。

ええ、結構ありましたね。深沢七郎は、姥捨てを描いた『楢山節考』や間引きを扱った『みちのくの人形たち』といった、私が「人口調節三部作」と呼んでいる三つの小説を書いています。その三つ目の『東北の神武《ズンム》たち』は、人口抑制のために生涯結婚することが許されない農家の次男坊・三男坊を描いた哀しくも滑稽なお話で、つまり彼らは生涯単身者でした。また都市部では、商家の奉公人は大店の通いの番頭くらいにならないと結婚できない決まりになっていましたから、結構独身も多かった。結婚したければ店を辞めて小商いでもするしかない。

しかし日本で近代的な調査が始まって以降は、男女ともに皆婚傾向が非常に強い社会になって、五〇歳までに結婚しなかった男女はずっと二％以下でした。それが八〇年代に入ってぐっと上がって、今は女性で五〜六％、男性はその三倍くらいになっています。国立社会保障・人口問題研究所の新しい推計では、一九九五年生まれの女性は非婚率が二〇％に達するだろうとされています。これはヨーロッパと比べても高い割合で、やはり大きな問題です。

フランスではPACS（Pacte Civil de Solidarité）という制度があって、法律上の結婚をしなくても男女の共同生活が認められていますが、日本でもそういう制度を考えるか、江戸時代のように結婚や離婚や再婚をもっと活発にしてみるといいかもしれませんね。江戸時代には、とくに女性は一人では食べていけないし、農家でも商家でも、夫婦どちらかが欠けたら家業が成り立たないこともあったでしょうし、子育てをちゃんとしないと家や商売が続かないこともあって、再婚率は非常に高かったんです。今、日本の離婚率は上昇していますが、離婚や再婚にかけては、江戸時代の方がずっと活発だったでしょうね。

……先生のご著書でも、宗門改帳に残る木曽・湯舟沢村の伝二郎さんは、離婚と再婚を数年ずつで繰り返し、結局六回も奥さんをもらっていますね。

江戸時代の離婚というと、三行半《みくだりはん》が有名で、女房だけが離縁されるように思われていますが、駆け込み寺の研究をされている専修大学の高木侃《ただし》さんは、女房の方がお寺に飛び込んで、旦那に離縁状を突きつけることもあったことを強調されています。現代では離婚も増えていますが、それでもやっと明治時代くらいの離婚率で、江戸時代はもっと多かった。だからといってもちろん煽る必要もありませんが、むしろそのくらいが普通で、これまではちょっと無理をしすぎていたんじゃないかと思います。添い遂げるばかりがいいわけじゃなくて、合わなければあきらめて次を探す。江戸時代はかなり自由にそれができていたわけですから……。

……江戸時代の結婚制度はどういうものだったんでしょうか。また、よくいわれる堕胎や間引きの実態はどんなものだったのでしょう。

きちっとした結婚の制度はありませんから、宗門帳に名前が載るか載らないか、まあ基本的には事実婚ですね。しかし日本はヨーロッパと比べると、私生児が少なかったともいわれています。ヨー

鬼頭宏
『2100年、人口3分の1の日本』
メディアファクトリー新書、二〇一二より

第6章　人口100億人の世界

◆地球はどれだけ人を支えられるか

こうして考えると、2100年は日本が人口減少に悩むのとは対照的に、地球全体では人口の膨張と経済発展によって有史以来の大量生産・大量消費が行われ、そこに地球温暖化といった環境の変化も加わって、人類の存続さえ危ぶまれる時代になりそうである。

エネルギー関連でいえば、原子力の問題は避けて通れない。二酸化炭素の排出が少ないという理由で注目された原子力発電は、2011年3月の東日本大震災によって放射性物質の環境汚染が現実化したことで、再び忌避されそうな情勢にある。

もちろん、未来に向けて明るい話題もある。太陽光や風力、バイオマスなど再生可能な自然エネルギーを中心に据えた新しいエネルギーの開発は進みつつあり、これからの技術革新次第ではエネルギー不安自体が解消される日が来るかもしれない。食料問題にしても、現在は環境破壊のおそれから農耕開発の制約がますます厳しくなっているものの、人口増加の停止にある程度目途《めど》がつけば、廃棄と分配の問題点を改善するだけでも食料危機を避けられると主張する研究者もいる。しかしいずれにしても、現時点での楽観視は命取りだろう。

アメリカの経済学者コーエンは、17世紀以降に発表された65種の主要な人口推計を比較し、地球が養える人口の予想値をはじき出している。可耕地面積、森林資源、水資源、エネルギー資源など、それぞれの推計方法は多岐にわたる。多数決で決まる話ではないが、彼のまとめた結果によれば、地球が養える人

ロッパのように教会が認めて登録する厳格な制度がなかったこともあるでしょうけれど、幼いうちに養子や里子に出すことも盛んに行われていましたから、私生児という記録が残らなかったのかもしれません。

堕胎や間引きについては、私も今調べている最中なんですが、仙台の南部の資料に「懐妊調書上」という妊婦の記録があります。妊娠すると届け出ることになっていて、村ごとに誰の妻で年は幾つで何人目の子どもか、出産予定日はいつかということがちゃんと記されています。で、出産するとその結果は別の帳簿に書かれるわけですが、この辺りは人口が減った地域ですから、要するに堕胎や間引きを防ぐのが目的なんですね。ちゃんと出産した人には、金や米などの手当ても出ます。今で言う子ども手当てですね。こうした記録は、天明の大飢饉のあった後の寛政の頃から多くつくられ始めています。すごく面白い資料ですよ。

人口が減少し高齢化する日本への期待

……つまり私たちが標準的だと考えてきた夫婦と子ども二人の四人家族も、比較的最近の話にすぎない。日本の伝統というほどでも……。

いや、伝統でしょう。江戸時代のある時期に制度として端を発し、戦後日本の核家族化の中で一つの典型として成立してきたという意味では歴史的なかたちだし、伝統と言っていい。いたずらに否定する必要もないけれど囚われる必要もなくて、私たちはもっと柔軟に、私たち自身の生活を時代に合ったものにしていかなければいけないし、それがまた新しい伝統になっていけばいいわけですから。

平均寿命が九〇歳にもなろうという時代に、今までと同じ老人観でいいのか、長い一生涯を連れ

間の数は大きく見積もって100億人前後。厳しく(現実的に)見積もるなら、現状に近い70～80億人が限度だそうだ。

彼の用いた推計の多くは現代(当時)の科学技術を前提にしているため、大きな技術発展が起きればおのずと結果は変わってくる。けれど少なくとも現段階では、地球人口はもはや限界に近づいていると多くの科学者が警告している。それどころか、いわゆる「持続可能な開発」を重視する立場の専門家からは、すでに限界を超えてしまったとの見方すらでているのが現実である。

◆数字で見るこれからの人口変動

これから数十年のあいだ世界が人口膨脹に悩まされるのは間違いなさそうだが、多産多死から少産少死へ移行する人口転換の法則がある限り、いずれ世界中の国々で人口が減り始める、という事実も忘れてはならない。地球がいつ頃、人口という負荷に耐えられなくなるかが定かではないのに対して、この人口転換はある程度予想することができる。

世代間の人口を維持できる合計特殊出生率の値(人口置換水準)は2・07(ただし、国連による標準的な推計値は2・1)で、これを下回ると少子化社会に突入したことになり、さらに2を割り込むと近い将来、その国で人口が減り始める可能性がきわめて濃厚となる。いま一度確認しておくと、日本が合計特殊出生率2・0を割ったのは1975(昭和50)年で、2005年時点で1・26まで下がっている(その後はやや回復して、2009年は1・37)。

人口転換の波は西ヨーロッパから始まり、北米、日本、アジア諸国へ広がっていると述べた。欧米の主要先進国で合計特殊出生率が大きく下がっていったのは1960年代末期から70年代半ばにかけて、スウェーデン、ドイツ、アメリカ、フランス。イタリアが相次いで2・0を下回る出生率を記録した。

添うだけの結婚観でいいのか、そういう問いかけを、今、みんなが知らず知らずのうちに始めていて、まだ自分自身で実行できなくても、半信半疑でも、行き先はもうだいたい見え始めてきている。今はそんな段階じゃないでしょうか。

ただそのなかで、変わらない部分があるということも感じています。たとえば親と同居する子どもは八〇年代以降ガタッと半数に減って、今後も減り続けるでしょう。しかし予測では四一％から三九％の辺りで減り方が留まりそうで、つまりこれは日本では年老いた親を一人では放っておけないという意識が、やはり頭のどこかに残っているからだと思います。ですからある程度は欧米と同じような動向を示すとしても、そうした歴史的につくられてきた日本的な考え方は、案外残っていくのかもしれないと思います。

とくに日本では、一人暮らしは非常にマイナスなイメージで考えられてきました。孤独死は怖いものだと、みんな脅かすように言います。この点、晩婚や非婚が伝統的に社会に認められ、生涯一人暮らしを通すような人が男にも女にも多い西ヨーロッパとはまったく違う歴史風土を、日本はもっているのではないでしょうか。だとしたらそういうところは無理やり変えていかなくてもいい。たとえば親との同居だって最初からするのではなくて、長い人生のある時期に親を引き取ったり親のところに同居していくようにすればいい。いわゆる「近居」だっていいわけです。そんなふうに場面場面、あるいはステージごとにライフスタイルを自在に変えていく。そんな暮らしになっていくんだろうなと思います。

……人口減少や高齢化を、逆に、次の新しい生き方を見出していく好機だと、積極的に捉えていくべきなんでしょうね。

とにかく出生率をフランス並みの二人くらいまで上げなければ、人口は減り続ける一方です。し

東アジア、東南アジアでは日本を皮切りに、すでにシンガポール、香港、韓国、中国、タイ、ベトナムの各国で合計特殊出生率2・1を下回っている。日本経済研究センターの予測では、今後、インドネシア(30〜35年)、フィリピン(35〜40年)、マレーシア(20〜25年)、インド(15〜20年)が後に続くと見られている。その結果、いずれの国でも2010年以降、相次いで老年人口割合が14％を超える高齢社会に突入し、次いで生産年齢人口が減少に転じると予想される。

地域・大陸ごとに見ると、2015〜20年にラテン・アメリカ、2030〜35年にアジア、2045〜50年にはオセアニアで少子化が始まる(国連予測・2008年)。アフリカは21世紀に入ってようやく合計特殊出生率が5・0を下回ったばかり(昭和初期の日本水準)だが、今後は着実に出生率の低下が進行し、2045〜50年頃には2・40まで下がると推測されている。

移民を抜きにして考えれば、死亡する人の数が生まれる人の数を上回れば人口は減ることになる。この計算は、出生率と死亡率の差＝自然増加率で表される。

日本で2005年に始まった実質的な人口減少は、韓国では15〜20年、現在世界1位の中国でも25〜30年には始まるとされている。シンガポール、タイ、ベトナム、スリランカでも2050年を迎える前に人口が減り始めるだろう。ヨーロッパではどうか。2005〜10年だと、自然増加率がマイナスになっている国は東欧、南欧、それにドイツ語圏諸国だけだ。ところが2045〜50年になると、ヨーロッパ22カ国のうち自然増加率をプラスに維持できているのはノルウェーとスウェーデン、そしてイギリスの3カ国だけになるのではないかと予想されている。同じ時期には、カナダとブラジルでも自然増加率がマイナスに転じるとされる。

これまで参考にしてきたデータより少し古くなる

かし現実的な話として、出生率を二まで上げるためには、おそらく今まで落ちてきた時間と同じくらいかかるでしょうから、三〇年から三五年先になります。実際には二〇〇六年から出生率が少し上がり始めていますから、このペースが維持されるとして計算すると、出生率が二に戻るのはだいたい二〇四〇年頃です。非常に順調にいけば、その頃には子どもの産み方も安定して、人口の減少はかなり緩やかになっていくでしょう。それでも人口の減少がストップするまでにはさらに四〇年から五〇年かかりますから、今世紀中はほとんど減少し続けることになるでしょう。

人口が減り続けてもそれが緩やかになれば、将来の見通しもいくぶんか立てやすくなる。ですからまず出生率を上げること。これは急務です。

一方、人口の減少は生産年齢人口の減少も引き起こしていて、適切な労働人口を確保し、経済の空洞化を防ごうと思えば、外国人労働力を受け入れたり、移民をもっと受け入れることも考えなければならないでしょう。ただし、今までのような労働力の数合わせではなく、日本の一員として加わってもらう、あるいはもっと積極的に、新しい文化を入れて日本を変えていくくらいの気持ちで受け入れる方が面白いんじゃないかと思います。もちろん摩擦は大きいでしょう。一時的には犯罪が多発するなどのマイナスの面もあるでしょう。しかし、摩擦やマイナス面を恐れていては何も変わりません。

しかしこれでさえ、一〇年、二〇年後にはどんなに来てもらいたくても来てもらえない状況に突入していきます。中国では二〇二五年後くらいから人口減少が始まりますし、韓国はもっと早い。アジア全体の人口も二〇五五年あたりから減少に転じると言われていて、インドなどの南アジアまで視野に入れたとしても、アジアから移民が来てくれるのは今世紀半ばまでです。中国だって今後もっと豊かになっていけば労働力は不足してくるでしょうから、とても国外に出せなくなる。先程言った二〇三〇年がリミットだというのは、外国人の受け入れについても当てはまることなんですね。

が、国連は２００４年に「超長期推計」として、なんと２３００年までの人口変動を予測している。その推計によると、各地域の人口がピークを迎えるのはヨーロッパで２０５０年以前、アジア、ラテンアメリカでは２０５０年頃とされている。その結果、世界人口は２０５０年に89億人に到達、ここで急速な人口増加は停滞模様になり、50年後の２１００年には91億人でピークが訪れ、その後は多少の増減を繰り返しながら２３００年まで停滞を続けると予測している。ちなみに２３００年の推計人口はピーク時から1億人減った90億人だ。

これらの予想は、経済学者のコーエンが導きだした地球の支持力と比べると少々楽観的な推計に思えるが、かつて先進国が取り組んだ出生抑制の努力が報われ、あるいは文明の成熟による人口転換の法則にしたがって、世界の人口は２０５０年以降、停滞局面に入る可能性が高いのは事実のようである。

◆新文明は日本から始まる

水稲農耕による文明社会、工業化による近代社会の実現において、日本の周りには中国や欧米という先進文明国があった。極端に言えば、日本は技術や制度を外国から導入すれば新しい文明を享受することができた。そしていったん、新文明をわが物としたら、今度は先進国に追いつけ追い越せとばかりに、がむしゃらにことを進めればよかったのである。

しかし今度ばかりは違う。日本は産業文明の成熟による人口減少の先進例として、世界中から注目される存在になった。けれどどうだろう、国内の現状を見る限り、日本は自前の頭で考える自身や度胸を失っているように見える。

文明の成熟と人口減退社会の訪れは、人口と資源、あるいは人口と環境などに様々な側面で日本社会が均衡状態に立ち至ったことを意味する。経済学者のシュンペーターは『経済発展の理論』（１９１２年）の

『談』バックナンバーno.93～no.85につきましては、
アルシーヴ社(03-5779-8356)もしくは地方小出版流通センター(03-3260-0355)にお問い合わせ下さい。

談

Speak, Talk, and Think 2012 no.93

『談』no.93
定価[800円+税]
発行 2012年3月

最期に人間に残るもの、人こそが人を映し出す鏡
石黒浩

〈対談〉「からだ」の復元…自分らしさを求めて
福島有佳子×山下柚実

ワキ…人生の深淵を旅する者
安田登

[特集]
他者の他者としての〈自分〉
…アンドロイド、人工ボディ、ワキ

◎表紙◎
高津戸優子 drawing

「自分らしさ」から遠く離れて

あなたの中に私はいるのか

ISBN978-4-924349-27-8

no.92
[特集]
養[老病]生論
ISBN978-4-924349-26-1

養生論の射程…個人／社会の調和の思想　瀧澤利行
患者の知、医療の認識論的転回　松繁卓哉
福祉社会の桎梏…病苦がなくなることを普通に欲望できる社会へ　小泉義之
【Gallery】土屋仁応

定価（本体800円＋税）　発行　2011年11月

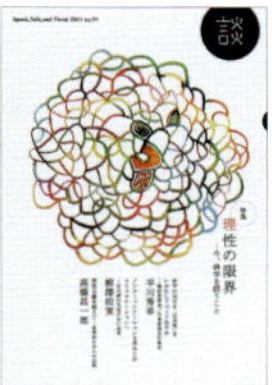

no.91
[特集]
理性の限界
…今、科学を問うこと
ISBN978-4-924349-25-4

科学における「公共性」をいかにしてつくり出すか
…統治者視点／当事者視点の相克　平川秀幸
ノンコミュニケーションを含みこむコミュニケーションへ
…生の流れを妨げない思考　柳澤田実
理性主義を超えて…思考停止からの出発　高橋昌一郎
【Gallery】大島梢
定価（本体800円＋税）　発行　2011年7月

Back number

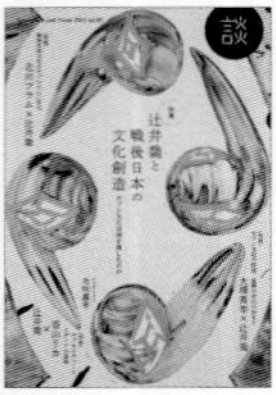

no.90
［特集］
辻井喬と戦後日本の文化創造
セゾン文化は何を残したのか
ISBN978-4-924349-24-7

【対談】セゾン文化の胚胎、虚構の時代の始まり　大澤真幸×辻井喬
【対談】サブカルチャーとメディアの進展　香山リカ×辻井喬
【対談】戦後日本文化とセゾンの八〇年代　北川フラム×辻井喬
ナビゲーター・毛利嘉孝
【Gallery】安齊重男

定価（本体800円＋税）　発行　2011年3月

no.89
［特集］
ゲニウス・ロキと空間論的転回
ISBN978-4-924349-23-0

お茶屋、席貸、ラブホテル…空間レンタル業の系譜学　加藤政洋
場所と記憶…「郷土」表象はいかにしてつくりあげられたか　大城直樹
土地の忘却…体感としての空間・政治・歴史　原武史
【Gallery】須藤由希子

定価（本体800円＋税）　発行　2010年12月

no.88
［特集］
リアルはどこで生まれるか
ISBN978-4-924349-22-3

ツイッターのリアル、ケータイのリアル
…つながりを求めて、つながりから離脱する「私」　鈴木謙介
「生きられる時間」はどこにあるのか…高速化の中、時計からはみ出す私
一川誠
無内包の「現実」あるいは狂った「リアル」　入不二基義
【Gallery】日高理恵子
定価（本体800円＋税）　発行　2010年8月

no.87
［特集］
偶有性
…アルスの起原 ISBN978-4-924349-21-6

偶有性を呼び出す手法、反転可能性としての…　今福龍太
必然と偶然の、その間で生きものは…　長沼 毅
【対談】自然の内側にあるもの…なぜ、人々は、時間に魅了されるのか
津田一郎×木本圭子
【Gallery】木本圭子

定価（本体800円＋税）　発行　2010年3月

no.86
［特集］
エンボディメント
…人間＝機械＝動物の身体
ISBN978-4-924349-20-9

【対談】近さと経験　河本英夫×柳澤田実
【対談】私はどのように動いているのか…運動・予期・リハビリテーション
河本英夫×宮本省三
【対談】からだのなかにヒトが在る…動物・暴力・肉体　稲垣正浩×柳澤田実
【Gallery】三鷹天命反転住宅

定価（本体800円＋税）　発行　2009年12月

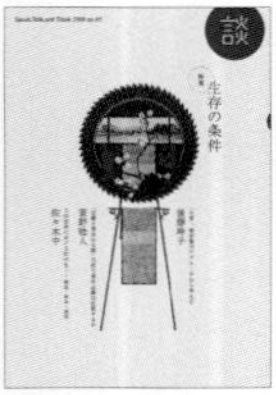

no.85
［特集］
生存の条件
ISBN978-4-924349-19-3

「生存」、潜在能力アプローチから考える　後藤玲子
「労働と賃金の分離」の前で資本主義は沈黙するか　萱野稔人
この世界における別の生…霊性・革命・芸術　佐々木中
【Gallery】池田学

定価（本体800円＋税）　発行　2009年9月

高齢化については、つい先日も『七十歳死亡法案、可決』（垣谷美雨、幻冬舎、二〇一二）なんていうショッキングなタイトルの小説が刊行されましたが、長くなった寿命で社会を維持していくためには、やっぱり老人観から考え直す必要があります。極端に言えばこれまでとは別の種類の生物と考えた方がいい。じつは私もこの三月から高齢者になって、ちゃんと介護保険証が届いたのは本当にショックでした。しかし、高齢者自身もすでに変わりつつあって、新しい老人観さえ社会に共有されれば、社会的な貢献だってもっとできるんじゃないかと思います。高齢化は日本が最先端を行っているわけですから、他国を待っていてもダメなんです。これはぜひ日本がやらなければどうしようもない。

……人口減少が日本に決定的な危機をもたらすとしたら、それはどんなところに表われるのでしょうか。

日本の人口自体は、二一〇〇年で四〇〇〇万人まで減ると言われていますが、それでも明治時代の中頃の人口水準ですから大げさにいうほどでもないと思いますがね。それよりも問題は地域間のバランスです。例えば東北に新潟を加えた七県を合わせた人口が約一二〇〇万人で、今「東北圏広域地方計画」として将来的な計画を進めているのですが、そこで引き合いに出されているのがベルギーやオランダです。人口もGDPもだいたい同じで、だから東北も自立できるはずだと、そういう青写真で計画が進められてる。

確かに持続可能性が失われない限り、人口が減ることはそれ自体問題ではありません。しかしその減り方が急激すぎると、よほど人がそれに合わせてうまく住む場所や住み方を変えて、常に新しい地域をつくり続けていく努力をしないと、そこここで生活が環境ごと壊れていってしまいます。それがいちばん怖いですね。

なかで、均衡状態とは沈滞を意味すると説いている。その沈滞した社会を新たに発展させる役割をもっているのがアントレプレナー（起業家）だ。彼らが各種のイノベーション（革新）を実行し、「創造的破壊」をするのである。

少子・高齢化と人口減少社会の先頭に立つ日本は、そうした意味での社会的イノベーションを率先する役目を背負っているのだ。

第1次石油危機が起こり、続いて少子化が始まった1970年代前半には、成熟社会という未来像はまだ霧の中にあった。つまり、40年後の日本の姿を、本当の意味では想像できていなかったのである。しかしそれから30年以上を経たいま、およそ90年後の2100年に実現させているべき理想の日本社会は、かなりくっきりと見えているのではないだろうか。

たとえばこうだ。一度、地球の内部から取り出した鉱物資源を有効に循環させながら使用する社会。生物や自然の力を中心とする再生可能なエネルギー資源を基盤とする社会。人口の分散化によって人々が精神的、心理的に快適な空間を維持している社会。豊かな自然環境を保存しながら、日月星辰《にちげつせいしん》、季節など自然のリズムに即した生活を尊重する、本来の意味でのスローライフ社会。新しい年齢観と生命観にもとづいて、90年という長い人生を楽しみながら社会貢献を続ける社会。

こうした社会を支えるための科学技術の開発は日進月歩で進んでいる。技術的な解決手段には期待がもてる。とすれば、いま日本人一人ひとりに必要なことは、過去の文明にとらわれない新しいライフスタイルを世界に率先して構築しようとする断固たる意志と、実現に向けて一歩を踏み出す勇気である。成長の時代に生み出された制度や行動様式を変える必要性に、現代人は薄々気づいているように思う。出生率が下がり人口増加が抑制されたのは、人々が潜在的に有している自動調節のメカニズムが無意識のうちに働

しかし今回の東日本大震災の後の復興の状況を見ても、今現在人口の減少に悩んでいる地方都市の施策を見ても、住む場所や住み方はそんなに要領よく変えられるものではありません。だからこそ、まずは人口減少を緩和させて、どこかで一度軟着陸させることは重要だと思います。

……なかなか前途多難な日本の姿と、そこでこそ日本のありかたを変えていく希望とが見えてきました。今日は長時間にわたりありがとうございました。（2012.4.11）

いた結果ではなかったか。

生活と環境をもう一つ進んだ次元で調和させること。それは決して不可能ではないように思える。そうなったとき、人類は新しい文明の入り口に立ったといえるだろう。

赤川学

人口減少、少子高齢化から考える

少子化や人口減少がもたらす問題の本質は、
現役労働人口の減少、経済規模の縮小、経済成長の鈍化、現行年金・医療・介護制度の不安定化といった個々の現象にあるんじゃなくて、
一国の豊かさを人々にどのように配分するか、その財やサービスの配分のありようが公正かどうかにその本質を見るべきじゃないか。
国民一人当たりの豊かさが減るわけではないんですから。それはあくまで制度設計や社会構想の理念にかかわる問題なんです。

……赤川学先生は、数字や統計をめぐって行われる論争や政策形成の過程や特徴を研究する「社会問題の社会学」がご専門ですが、社会問題の社会学、リサーチ・リテラシーにとって、近年の少子化問題こそ格好の材料だとおっしゃってます。なぜならば、少子化対策として注目された「男女共同参画社会」（一九九九年、男女共同参画社会基本法が公布・施行）の根拠としているデータそれ自体が問題含みの統計資料だったからです。

そもそも少子化とは、合計特殊出生率（女性が一生の間に産む子どもの数の平均）が人口置換水準（約二・〇八）を下回る低い状態に止まることをいいますが、合計特殊出生率が過去最低であった丙午（一九九六年）の一・五八を九〇年に更新、いわゆる「一・五七ショック」として世間の耳目を集めました。これ以降、少子化は解決を要すべき社会問題とみなされるようになります。そして、合計特殊出生率はその後も低下を続け、〇五年ついに一・二六を記録します。そこに登場したのが「男女共同参画」でした。「女性の労働力率が高いほど出生率も高い」というデータ（国際比較）を根拠に、「女性が結婚、出産後も子育てしながら働ける環境」が整うことで、少子化に歯止めがかかると期待されたのです。ところが、このデータそのものに大きなトリックが隠れていたのです。

赤川先生は、ご著書『子どもが減って何が悪いか！』（ちくま新書、二〇〇四）で、そのことをリサーチ・リテラシーの視点から徹底的に批判されました。その甲斐あってか、さすがに現在、男女共同参画が少子

赤川学
『子どもが減って何が悪いか！』
ちくま新書、二〇〇四より

第8章―子供が減って何が悪いか！

ここまで少子化に関するさまざまな論点を扱ってきた。だが、どのような問題を論じていても、結局、「子どもが減って何が悪いか！」という咆哮に帰着してしまう。そろそろ思考をまとめるときが来たようだ。

序章から第4章まで、男女共同参画が少子化対策として有効ではないことを明らかにし、男女共同参画は少子化対策であるべきではないとも主張してきた。第5章では、少子化がもたらすデメリットを、出生率回復で克服するのではなく、低出生率を前提とした制度設計によって、社会全体でその負担を引き受けるべきと主張した。第6章では、少子化は生活や豊かさに対する

あかがわ・まなぶ
1967年、石川県生まれ。東京大学大学院社会学研究科博士課程単位取得退学。現在、東京大学大学院人文社会系研究科・文学部社会学研究室准教授。近代日本のセクシュアリティーの歴史社会学、社会問題の社会学などを研究。著書に『構築主義を再構築する』勁草書房、2006、『子どもが減って何が悪いか！』ちくま新書、2004、『性への自由／性からの自由』青弓社、1996、他。

化を防ぐという議論は聞かなくなりました。一方、「少子化が進んでいる、このままでは日本が危なくなる」という声は後を絶ちません。とりわけ、人口減少問題が大きくとりあげられる昨今、少子化問題への関心はむしろ高まっているようにすら見えます。

ご著書が発行されてから八年が経ちました。赤川先生は、この状況をどう見ておられますか。

人口減少という現象のなかで、長期にわたる少子化の帰結としての少子高齢化こそが問題だとする立場があります。少子化は、将来的に労働人口の減少をもたらすゆえに、経済規模を縮小させ、現行の年金・医療・介護制度を不安定にさせるという理由からです。それゆえ生まれる子どもの数を増やし、現役労働人口を増やすと共に、高齢化の進行を抑えなければならない。これが、現在の少子化対策の根本的な発想です。

少子化対策に利用された国際比較データ

国立社会保障・人口問題研究所が二〇〇六年一二月に発表した『日本の将来人口推計』では、将来の出生率と死亡率をそれぞれ高位・中位・低位に分けて九つのパターンを仮定し、二一〇〇年までの人口予測を行っています（現在、二〇一二年一月推計が発表されていますが、研究当時の推計を参考にして議論を進めます）。死亡率（長期の平均寿命）を中位（男性八三・六七歳、女性九〇・三四歳）とし、出生率を高位（二〇五五年で一・五五）、中位（同一・二六）、低位（同一・〇六）と分けて推計した場合、総人口と高齢化率（六五歳以上人口の占める割合）は表1のとおりになります（国立社会保障・人口問題研究所、二〇〇六）。

いずれの仮定をとっても、二〇五〇年の総人口は、現在よりも約二一～三〇〇〇万人減少し、約九〇〇〇万から一億人強となります。二一〇〇年では、低位推計の三七七〇万人から高位推計の六四〇七万人まで大きな開きが生まれますが、人口がさらに減り続けることは間違いありません。雑駁にいえば、今後約五〇年かけて日本の総人口は一九六〇年代の水準にまで減り、さらに五〇年かけて一九三〇年代・一五年戦争の頃の水準か（出生高位の場合）、一八七〇年代・明治維新の頃の水準（出生低位の場合）にまで減ることになります。出生率が低位推計の一・〇六と高位推計の一・五五では大きな懸隔がありそうに思われますが、将来の高齢化率は、じつはあまり大きくな

期待水準の向上によって不可避的に生じるから、それは食い止めようもないし、期待水準を上げるような少子化対策はかえって逆効果と論じてきた。第7章では、子育て支援は、育てられる子どもの生存権という観点からのみ正当化されるべきであり、養育者のライフスタイルとは中立な支援のあり方を考えねばならないと主張してきた。

本書を終えるにあたって、これまでに論じ残した問題を列挙し、新たな思考の道筋を示してみたい。

「女性の機会費用」という問題

男女共同参画推進の立場に立つ人たちが、この本をどこまで読み進めてくれたかはわからない。途中で投げ出された方も少なくないだろう。ただ、最後まで読み進めてきた方にしても、完全には納得しないだろうと思っている。男女共同参画が出生率回復策として有効という言説のなかで本質的なのは、女性の機会費用の問題だという反論がありうるからだ。

つまり女性の社会進出が進んで、男女の賃金や地位の格差が少なくなり、女性の稼得能力が高まれば高まるほど、結婚・出産退職にともなう機会費用（退職しなければ得られたはずの所得）が高まる。それゆえ出産可能年齢期の女性には、仕事を続けて出産・子育てをあきらめるか、子どもを産み育てて将来の所得や地位をあきらめるかのトレードオフが生まれる。これこそ少子化が

[表1] 日本の将来人口、高齢化率の推計（死亡中位推計）

出生率仮定	中位仮定	高位仮定	低位仮定
	1.26	1.55	1.06
総人口（2005）：万人	12,777	12,777	12,777
⬇	⬇	⬇	⬇
総人口（2050）	9,515	10,195	8,997
⬇	⬇	⬇	⬇
総人口（2100）	4,771	6,407	3,770
高齢化率（2005）：%	20.2%	20.2%	20.2%
⬇	⬇	⬇	⬇
高齢化率（2050）	39.6%	36.9%	41.8%
⬇	⬇	⬇	⬇
高齢化率（2100）	40.8%	35.1%	45.4%

出典：国立社会保障人口問題研究所、2006年

変化はないんです。高齢化率は二〇五〇年で約五%、二一〇〇年で約一〇%の違いが生ずるにすぎません。要するに、この表1を見る限り、高齢化問題の本質は、今後数十年で急速にそれが進展することにあるわけで、出生率の高低がもたらす違いは、それほど大きくないということです。高齢化が急速に進展するのは、一九四〇年代の人口増加策、第二次世界大戦後のベビーブームに伴う出生抑制などの人為的な人口誘導策の影響が大きいことは、言うまでもありません。

ところで、先進国の間では、女性労働力と出生率の間に正の相関があり、女性の社会進出が進んでいる国ほど合計特殊出生率も高い傾向があるという見解があります。一九七〇年代には出生率と女性労働力率は負の相関関係にありましたが、八〇年代の半ばを境に関係が変化し、「女性労働力率が各国ともに上昇する中で、日本やイタリアのようにほぼ一貫して合計特殊出生率が下がり続けている国と、一九八〇年代半ば以降、米国やオランダ、ノルウェー、デンマークのように出生率が回復してきている国があることによる」とされています（男女共同参画会議・少子化と男女共同参画に関する専門調査会、二〇〇五、五ページ、表2）。

発生する根本メカニズムだというのが、男女共同参画側の論理である。たとえば八代尚宏は、少子化の主たる原因が社会経済環境の変化に伴う子育て費用の増加にあるとすれば、児童手当のような金銭的な公的支援には限界があるという。

出生率を引き下げる要因としての子育てコストは、教育費のような実費よりも、子育てによって母親の良い就業機会が制約されることから生じる「逸失所得」のほうが、より重い要因とされるのである（「少子化時代の企業の役割」『中央公論』二〇〇〇年二月号、一二三頁）。

「逸失所得」とは機会費用のことである。結婚・出産退職で子育て後にパートタイムで再就職する就業中断型と、正社員のままで定年まで勤務する従業継続型を比べると、この機会費用は、一説によると四四〇〇万円。たしかに、とても児童手当でまかなえる額ではない。

「仕事と子育てのトレードオフを解消すれば、出生率は上がる」という見解は、国会でも語られている。二〇〇一年三月一日、参議院の国民生活・経済に関する調査会では、国立社会保障・人口問題研究所長（当時）の塩野谷祐一が、「男女共同参画社会が成熟していけば、出生率が回復するのかとの問いに対しては、就労と育児、出産がトレードオフの関係にあるため出生率が落ちているが、このトレードオフ関係をなくしたシミュレーションモデルでは、合計特殊出

……「男女共同参画社会が実現すれば少子化は防げる」という先生が問題にした発言の根拠として提示された統計データのことですね。

表2は、二〇〇〇年時点でのOECD加盟国三〇ヵ国のうち、「一人あたりGDPが一万ドルを超える二四ヵ国」を選んで、横軸に女性（一五～六四歳）の労働力率、縦軸に合計特殊出生率をとった散布図ですが、全体的に右上がりになっています。つまり「先進国では、女性の労働力率の高い国ほど出生率も高い」ことを意味するように見えます。この種のグラフは現在では、高校生向け教科書の副読本などでも用いられています。

こうしたグラフを統計的に解釈する時には、相関係数という指標を用います。表2の右下にr＝〇・五五と書いてあるのがそれです。相関係数とは、二つの変数の関連の強さを表わす指標のことで、「-1≦r≦1」の範囲をとり、絶対値が一に近づけば近づくほど二つの変数は関連性が強いことを示します。逆に、ゼロに近ければ近いほど二つの変数の関連は弱くなります。表2の場合相関係数は高く、女子労働力が上れば上がるほど出生率が上昇する傾向があるように見えます。これだけ見れば、女性労働力率も出生率も高いスウェーデン、ノルウェー、フィンランドなど北欧諸国が理想であり、今後日本が進むべき社会の姿を示しているように思えてきます。

しかし、ここに問題があるんです。まずこれらの国々の出生率の幅は、一・一から二・一の間であり、全世界規模で見れば、しょせん出生率が低い国同士を比較しているにすぎません。次に先進国の基準として、「一人あたりGDPが一万ドルを超える二四ヵ国」となっているのですが、このグラフからは、トルコ、メキシコ、チェコ、スロバキア、ポーランド、ハンガリーの六ヵ国が省かれています。しかしトルコやメキシコは、女性労働力率は低いですが、出生率は二を超える。逆にチェコ、スロバキア、ポーランドなどは東欧の旧・社会主義国で、女性の労働力率は高いですが、出生率は低いです。これらの国をグラフから外す必然性は何なのでしょうか。

リサーチ・リテラシーの立場では、「何かおかしい」と思ったら、自分で似たようなデータを見つけてきて、再現するのが手っ取り早い。そこで、この六ヵ国を加えて集計し直してみました。その結果が表3です。こ

生率が現在の一・三八から一・七八に上昇するとの結果が出ているので、女性の出産、育児と社会参画が矛盾を来さないような施策を採れば、出生率が回復する可能性があるとの意見が出された」と述べている。

この根拠となる分析については、どのようなデータをもとに、どういう変数にどういう初期値を設定したのか、ぜひ情報公開してほしい。著者もいろいろ探してみたが、この発言に該当する論文や情報をみつけられなかった。これは著者の怠惰や情報収集力不足に帰すこともできるが、このような重大発言を国会で行う以上、ぜひ一般のシロウトでも容易に入手でき、かつわかりやすい情報公開をお願いしたい。

情報公開がらみでいえば、「読売新聞」二〇〇四年二月四日付には、「『働く女』は子だくさん??：専業主婦上回る」という記事がある。国立社会保障・人口問題研究所が五年おきに行っている出生動向基本調査をもとに、「結婚一〇年から一四年の夫婦の場合、最新の調査（引用者注：〇二年）では、従業継続型の妻が専業主婦型の妻の子ども数をわずかに上回ることがわかっている。また、仕事と子育てを両立している妻の方が、専業主婦の妻よりも理想や予定とする子ども数が多いこともわかった」というのである。そこで出てくる数字は就業継続型の平均子ども数二・二九人、専業主婦型二・二一人という、わずかな違いである。ほとんど誤差の範囲内としか思えない数字に、針小棒大にこだわるこ

［表2］OECD加盟24カ国における15～64歳の女性労働力率と合計特殊出生率：2000年

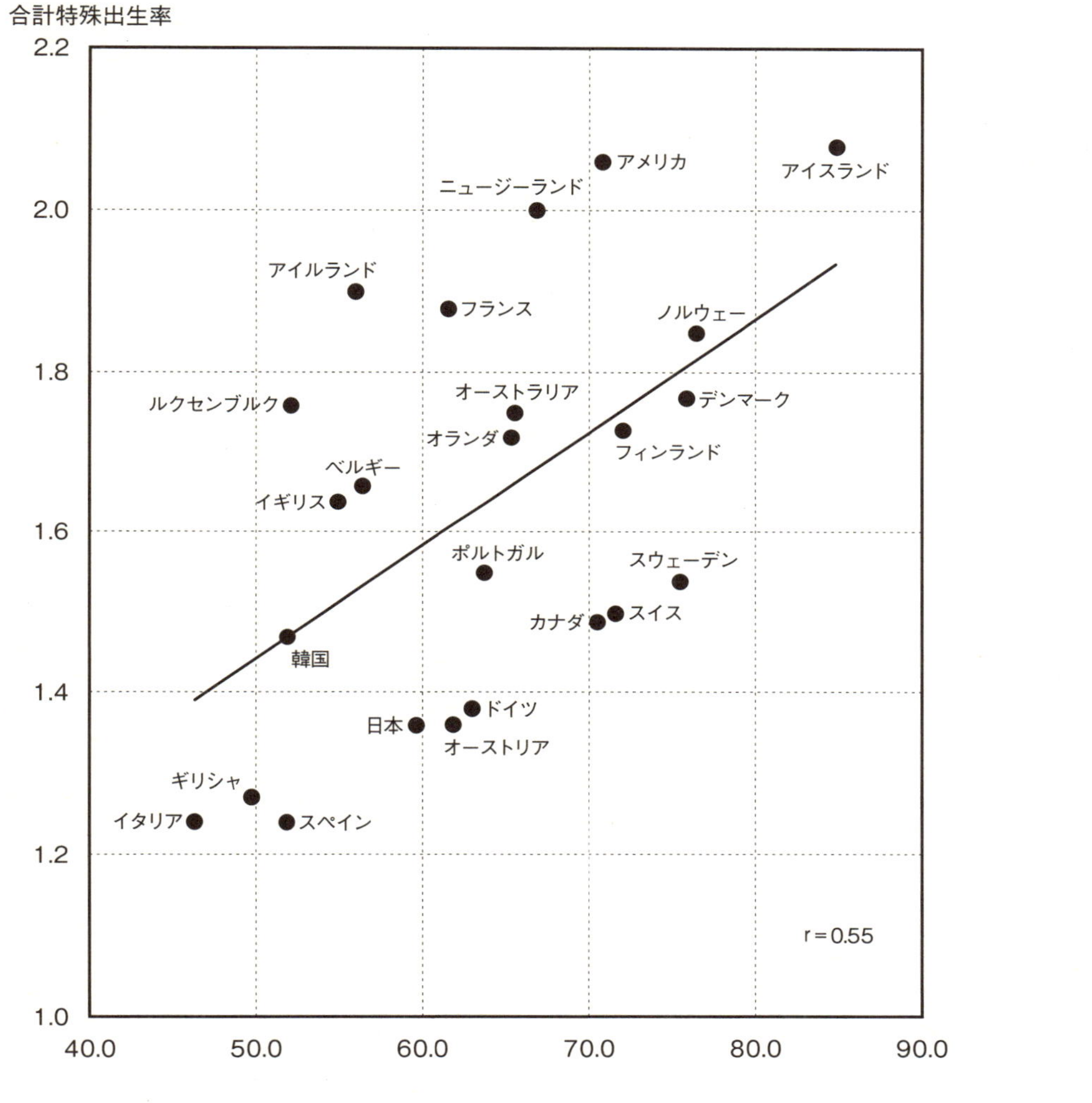

（資料）Recent Demographic Developments in Europe 2004，日本：人口動態統計、オーストラリアBirths,No.3301，カナダ：Statistics Canada，韓国：Annual report on the Vital Statistics，ニュージーランド：Demographic trends，U.S.：National Vital Statistics Report，IOL Year Book of Labour Statisticsより作成。
（注）女性労働力率：アイスランド、アメリカ、スウェーデン、スペイン、ノルウェーは、16歳～64歳。イギリスは16歳以上。

の三〇ヵ国を対象に相関係数をとると、r＝〇・〇五一となり、ほとんど相関はありません。つまり女性労働力率が高かろうと低かろうと、出生率には何の影響も与えない、のです。

　また逆に、先進国の基準を「一人あたりGDPが三万ドルを超える国」とより厳しめに定義すると、やはり女性労働力率と出生率の相関は低いことも知られています（日本総合研究所「少子化対策は抜本的見直しを」、http://www.jri.co.jp/MediaLibrary/file/report/other/pdf/2581.pdf）。つまり、表2における先進国の基準は、「女性労働力率が高ければ高いほど、出生率が高く」なるように恣意的に選ばれたのではないか、という疑念をもたざるを得ません。

産む／産まないの自由と少子化の関係

　それでも、やはり先進国の基準としては「一人あたりGDPが二万ドルを超える」国を選ぶべきだと強弁する人がいるかもしれません。だったら世界全体で調べてみるといい。ちなみに、オマーン、バーレーン、トルコ、イスラエルなどの中東諸国、南アフリカ、ボツワナなどアフリカ諸国、チリ、メキシコ、アルゼンチンなど中南米諸国では、女性労働力率は低いけれども、出生率は人口置換水準を超えるほど高い。これらの国々を「先進国」から外す根拠はそもそもどこにもありません。

　私は、二〇〇〇年代前半と一九八〇年代前半のデータを使って、全世界の先進国における出生率と女性労働力率の相関係数についても計算してみました。表4がそれで、相関係数は八〇～八五年でr＝－〇・四三五（p=.003）、〇五年でr＝－〇・四六一（p=.001）、となります。どちらも高い負の相関があって、先の報告書とはまったく逆の結論になります。つまり彼らの基準に従うなら、「先進国では、女性労働力率が上れば上がるほど出生率は下がる。その傾向は、八五年から二〇年経過しても、なんら変わらない」といわざるを得なくなってしまうのです。それでいいんですかね。

……ご著書では、サンプルの選び方に対する批判をされていますが、とりあえずその選択を良しとしたうえで、つまり、百歩譲ってそれを認めたとしても、やはり欠陥があるとおっしゃってます。

ええ、表2を適切なものとして受け入れたとしても、

と自体滑稽だが、何の意図でこの数字が公開され、こういう記事作りになっているのか理解に苦しむ。仮に「共働き夫婦の方が子だくさん（だから、共働きを少子化対策として推奨する）」という、カッコ内のような誘導をしたいのなら、少なくとも著者は容認できない。

　この論法が許されるなら、仮に次回調査で専業主婦型の子ども数が就業継続型のそれを上回った場合、「専業主婦型の方が子だくさんだから、専業主婦を少子化対策として推奨する」と結論すべきことになる。ちなみに九七年の従業継続型の平均子ども数は二・二〇人、専業主婦型のそれは二・二九人。専業主婦型のほうが多いわけだから、少なくとも九七年の時点では、少子化対策として専業主婦型の家族形態を推奨すべきだったことになる。

　こう述べてくれれば、「就業継続型（ないし専業主婦型）に子どもが多い」という事実が公共政策という観点からみていかに無意味か、いまや明らかだろう。どっちのタイプの女性が子どもをたくさん産んでいようとも、公的な子育て支援がなされるならば、等価な支援でなければならない。リサーチ・リテラシーの観点からは、このような恣意的なデータの使い方にも大きな問題があると警鐘を鳴らさなければならないが、そうした数字に惑わされることなく、男女共同参画も子育て支援も、少子化対策とは独立にその是々非々を論じるべきだというのが、本書の主張だったわけである。

[表 3]

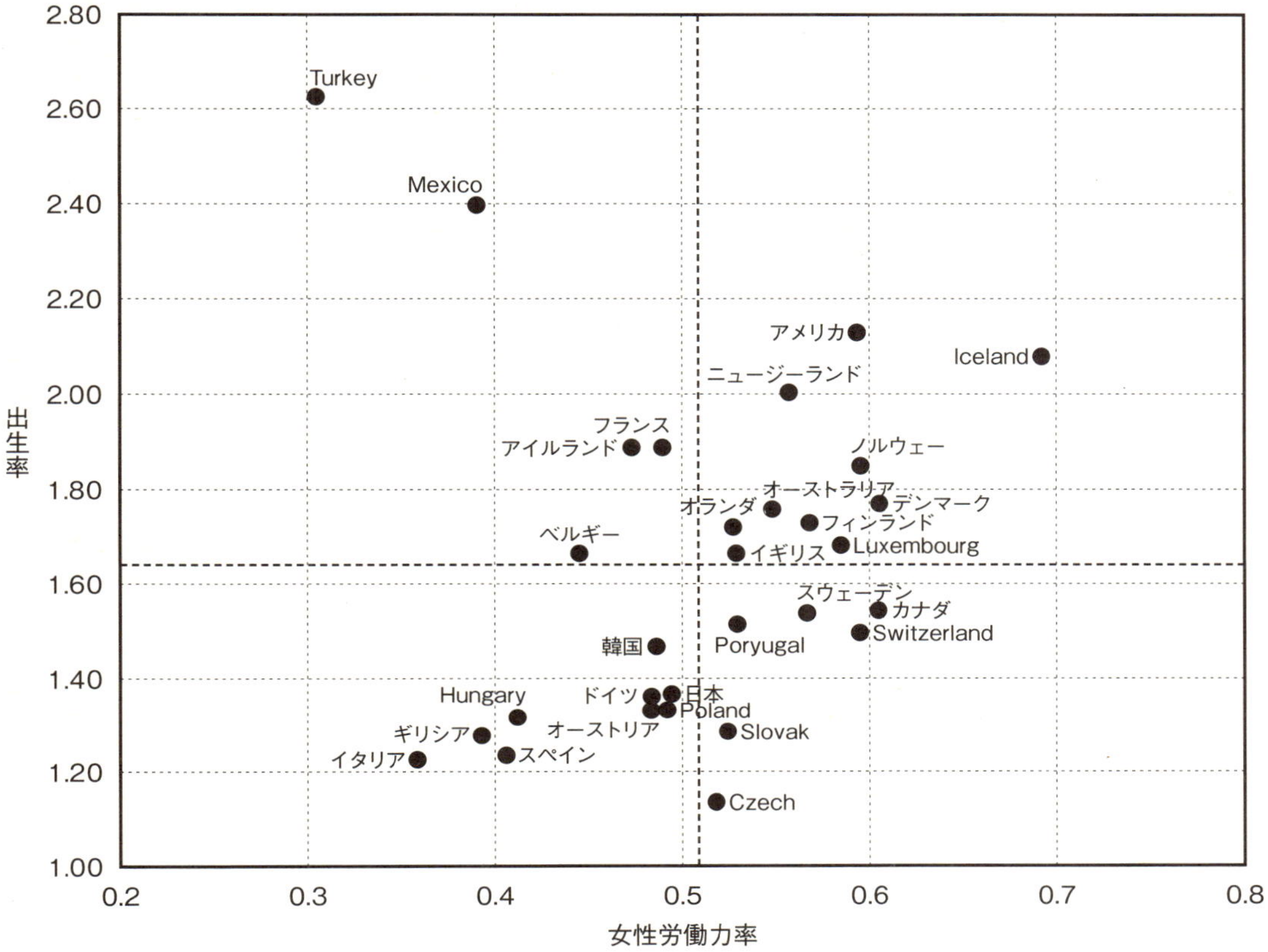

[表 4] 女性労働力率と出生率

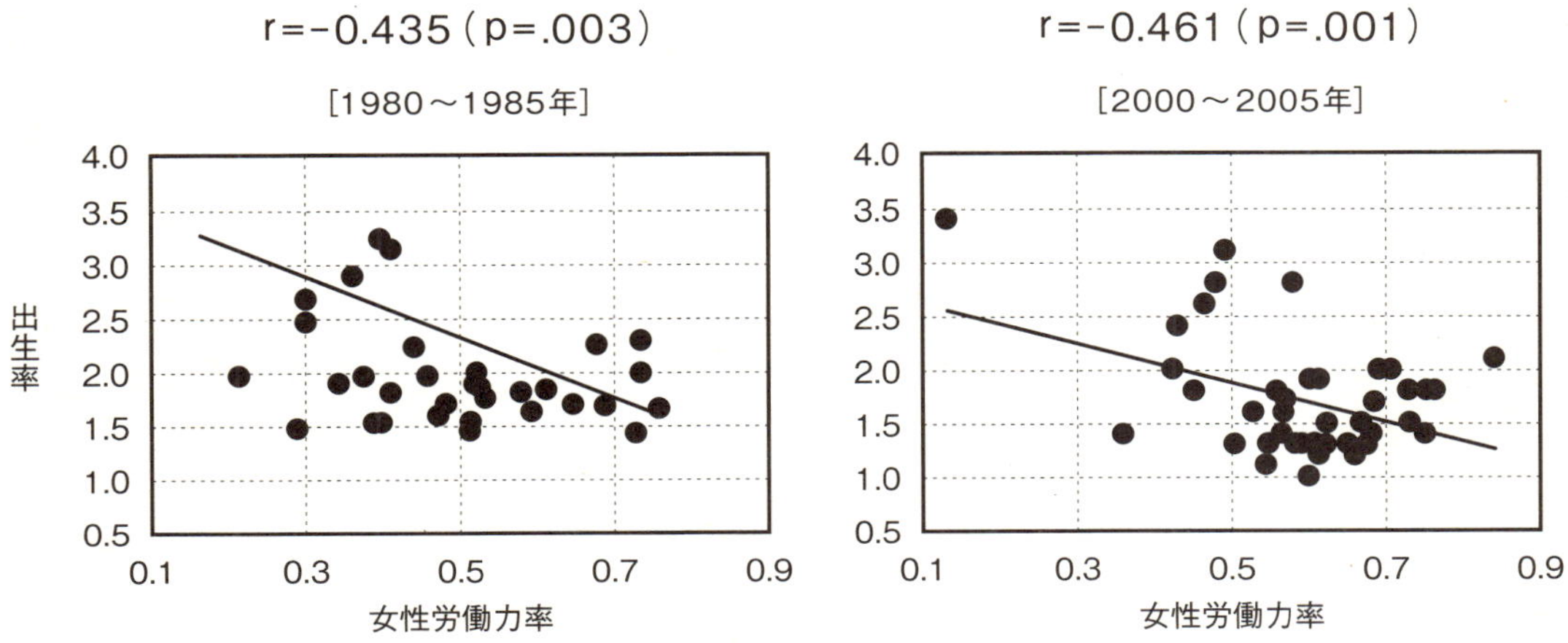

赤川作成 (2005)

まだ問題があります。統計学のイロハのイに属することですが、二つの変数（ここでは女性労働力率と出生率）に相関関係が存在することは即、その二つの変数に因果関係が存在することを意味しません。簡単に言いますと、この二つの変数の相関関係は、単なる疑似相関（見かけ上の相関）の可能性も高いからです。

……疑似相関？ですか。

統計学上の有名な議論に、「コウノトリがたくさん生息する地域では、出生率も高い」というものがあります。仮にデータ上はそのような関連があったとして、これを「コウノトリが赤ちゃんを運んでくるから」と解釈してよいでしょうか。無理ですよね。むしろコウノトリが多く生息するような地域は都市化が進んでおらず、また、都市化が進んでいない地域ほど出生率が高いと考えられます。つまり、「都市化が進むとコウノトリの数が減る」、「都市化が進むと出生率が低くなる」という因果関係が背景に存在するとき、本来なんの関係もない「コウノトリの数」と「出生率」にあたかも関連があるかのように見えてしまうのです。これを「擬似相関」といいますが、女性の労働力率と出生率の関係も同様に考えることができるのではないでしょうか。

一般に、第一次産業（農林漁業）中心の社会では、出生率は高く、女性の労働力率も高い。これが第二次産業（鉱工業）中心の社会へと近代化していくにつれ、出生率は低下し、女性の労働力率も下がる。さらに第三次産業（サービス・情報産業）中心の社会に移行すると、出生率はともかく、女性の労働力率は再び上昇する。このことを念頭に置くと、第三次産業中心の社会では、女性の労働力率は、その国の第三次産業度によって規定されている可能性があります。

……つまり、こういうことですか。国際比較に基づくデータで何がわかるのか、というよりも、そのデータを使って何をしようとしているのか、言い換えれば、そこにどんな意図があるのか、そのことを考えてみる方がずっと重要だということでしょうか。

たとえば、少子化対策の文脈では、スウェーデン、デンマーク、ノルウェーなど、社会福祉の高水準な北欧諸国が、日本が目指すべき模範国とみなされていました。まぁ、今は少し違ってきましたが……。それは

話を、女性の機会費用に戻す。男女共同参画の文脈で、子育て支援が「仕事と子育ての両立支援」に横滑りしたり、「産みたくても産めない」という言い分が社会全体の趨勢（犯罪や子育ての難しさ、地球環境など）ではなく、女性が仕事と子育てを両立しがたい社会・労働環境の問題へと還元されて論じられるのは、やはりこの問題が根幹にあるからである。

つまり「四四〇〇万円を得るために出産・育児をあきらめるか、出産・育児を得るために四四〇〇万円をあきらめるか」という二者択一ではなく、「保育サービスを充実しますから、働き方に関する福利厚生を充実しますから、どうぞ夫に家事分担させますから、どうぞ四四〇〇万円をあきらめないで、産み育ててください」というのが、男女共同参画的な少子化対策の目指すところなのである。

そう勧められて産む気になる人は、まぁ、いい。どうぞ産んでください。こういう人たちは、仮に「産めよ殖やせよ」の人口政策で独身税が実行されたり、優良多子表彰が行われる時代に生まれていたとしても、なんら痛痒を感じないタイプの人なのだろう。「産めよ殖やせよ」の本質は、政府が「産む自由」を過剰に優遇し、支援したことにある。現在の男女共同参画・少子化対策が、仕事と子育てを両立する女性を特権的に支援する傾向があることは明らかである。とすれば、そのような政策に異議を申し立てないのは、（自分に都合がよ

ともかく、出生率が高いだけならアメリカ合衆国も相当高いし、はるかに高い出生率を誇る国は、発展途上国にはいくらでもあります。なのに、なぜそれらの国を模範とすべきと誰も言わないのか。意図は明らかでしょう。

そもそも子どもを産む／産まないという、女性にとって、また世帯（夫婦）にとって、長期的な見通しを必要とする選択に対して、北欧諸国やフランスが行ったような中・短期の出産誘導政策の効果を測定することはむつかしい。家族政策の成否は、たとえば、「国債発行額が三〇兆円を超えれば経済成長率のマイナス化を食い止められる」といった類の短期的経済政策の成否と同列に論じることはできないように思われます。さらに、個々の政策がもつ意味は、その国が置かれた歴史的経緯や文化的背景、他の社会制度との関連によって変わってきます。他国で通用した政策を直輸入すれば、そのまま日本でも通用すると考えるのは、稚拙すぎます。

また、こういう議論もあります。「婚外子の割合が高い社会は出生率も高い」という命題がありますが、これを杓子定規に解釈すれば、婚外子差別を撤廃したり、同棲や事実婚を法律婚と区別しない制度体系をつくりあげれば、出生率は回復するような気がします。私は、これらの施策が出生率の回復に結びつかなくても、そのこととは区別して是非をすべきだと考えていますが、おそらくこうした施策を行ったとしても、早急に出生率が回復することはないでしょう。なぜなら、「わざわざ結婚しなければできないことは出産だけ」という状況が現実的な現在の日本社会では、恋人や同棲カップルに妊娠が発覚すれば、多くの場合、結婚というかたちを選択するからです（いわゆるできちゃった婚）。同棲や事実婚というかたちを維持するために、あえて子どもを産まない選択をしているカップルがないとはいわないまでも、同棲はむしろ、子どもをもってはいけない共同生活と意味付けられています。事実、同棲関係にある男女間で、もっともタブー視されているのは、妊娠だといいます。また、子どもを産んでも、事実婚にとどまるような覚悟のある人たちは、自ら子どもを産みたいと思った時には、いかに状況が不利であろうと、決然と出産を選ぶんじゃないでしょうか。

婚外子差別の撤廃や同棲・法律婚の無差別化は、結果的に、結婚しなければできないことは何もない社会をつくり上げていくことになるでしょう。しかし、

ければ）政策の欺瞞性に目をつぶって容認できるということなのだ。その意味では、「産めよ殖やせよ」に賛成した人となんら変わりない。

そもそも機会費用四四〇〇万円という数値が、どういう女性にあてはまるのか、少し考えてみるとよい。いうまでもなくそれは、「正社員のままで定年まで勤務する従業継続型」という、ごく一部の女性を想定している（そもそも「正社員で定年まで勤務する」ことは、今後、男女ともにあまりありそうもない）。

むろんそうした女性が増えること自体は、なんら問題はない。自由主義と市場経済の世の中である。性別で差別されず、能力的に優れた女性が社会的な地位と報酬を獲得するチャンスが増えることはすばらしいことである。

しかし、そういう女性だけを念頭においた公共的支援はやはりおかしい。「これまでは片働きが多数派だったから、政策もそれにあわせてきた。これからは共働きが多数派になるから、政策もそれにあわせるべきだ」という考え方に、著者は異議を唱えるからだ。こういう風に考え行動するから、政治対立が激化するのだ。男女共同参画の言説では、それを推進する人たちの立場を反映してかどうか知らないが、いわゆる「勝ち組」女性のことばかりが念頭に置かれている。著者は少子化対策をまったく無用だと考えているが、仮にその必要性を認めるにしても、すべての女性、すべての男性に対して公平な少子化対策や子育て支援を構想し、提示す

結婚に何のメリットもなくなるなら、そもそも男女は結婚しなくなると思いますよ。その結果、子ども数が増えなくても文句はいえないはずです。国際比較データのうさんくささは、こういう観点からも考えてみる必要があるでしょう。

……ご著書の結論として、少子化の弊害に対して子どもを増やすことで対応するのではなく、少子化と人口減少をすでにある事実・与件・前提としたうえで、選択の自由と負担の分配に配慮した制度設計の必要性を訴えておられました。

女性労働力の高さに示されるような男女共同参画や近年強調されるワーク・ライフ・バランスが不要だと言いたいわけではないんです。それらが、少子化対策として何の役にも立たないとわかっていても、それは必要だと私は思っています。ただ同時に、誤った統計に基づいて政策が実行され（当然のことながら）その効果が認められなかった時、来るべき人口減少や少子高齢化に伴う負担を、誰がどのようなかたちで分担すべきかという問いは、解かれないまま次世代に残されてしまう。出生率を向上させることで少子高齢化や人口減少に対応することは、問題解決の先送りにしかならないと思います。

……そこで、先生の問題関心は、今は、少子化よりも人口減少に移ってきたというわけですね。

そもそも少子化対策が多少功を奏したところで、人口減少と少子高齢化という大きな趨勢に変化はないんです。それがはっきりしたので、私の関心も必然的にそっちへ移っていったんです。

経済規模が縮小しても
一人当たりの豊かさは減らない?!

冒頭お話しした「日本の将来人口推計」（表1）に立ち戻ってみましょう。出生率が二〇〇五年の一・二六から高位推定が想定するように二〇五〇年に一・五五まで回復したと想定しても、出生数は〇五年の一〇六万五〇〇〇人から五〇年には六九万九〇〇〇人まで減ります。出産可能年齢（一四〜四九歳）にある女性の数自体が少なくなるからです。つまり、出生率が劇的に回復しても、生まれる子どもの数は約四

べきではないのか。

市場に組み込まれた性差別

そんなわけで著者は、現在の、特定の家族、特定のライフスタイルのみを支援する男女共同参画には大いに批判的である。だからといって性の平等のために、なにもしないでよいと考えているわけではない。この社会における性の平等を阻害している要因は、労働市場における性差別（女性差別）にあることは明らかであり、その改善は急務である。

中田喜文は、日本の男女賃金格差を、労働サービスの質を規定する諸々の労働生産要素（教育水準・年齢・勤続年数・職種経験年数等）の男女差と、労働生産要素の市場価格の男女差（＝女性に対する賃金差別）に要因分解した結果、「日本の男女賃金格差は、年齢という労働生産要素に対する市場の価格設定が、性に基づき大きく格差をつけられていることにより生み出されている」と結論している（「日本における男女賃金格差の要因分析」中馬宏之・駿河輝和編『雇用慣行の変化と女性労働』東京大学出版会、一九九七年、一七三〜三〇五頁）。つまり同一の教育水準・年齢・勤続年数・職種経験年数を有する男女であっても、賃金には格差がある。市場の中に女性差別が組み込まれているわけだ。

逆に言えば、この点を改善すれば市場における男女賃金格差は一気に解消される。市場における女性差別を撤廃

割も減ってしまうんです。となると、少子化がもたらす最大の弊害とされる現役労働人口の縮小は今後も続きます。

　出生率の低下がもたらす少子高齢化のデメリットとしてもっとも懸念されているのは、現役労働人口の減少に伴う高度成長の鈍化と世代間の支え合いによって成り立つ、現行の年金・医療・介護制度の不安定化です。社会保障審議会人口部会が提出している「労働力人口の将来見通し（平成一四年将来推計人口による）」によると、二〇〇四年に六六四二万人だった労働人口は、二〇三〇年までに三〇～三四歳の女性の労働力率が六二・二％から八〇・四％に、六〇～六四歳の男性の労働力率が七〇・五％（二〇〇五年）から八九・四％までに上昇した時、二〇五〇年に四八六四万人になります。両者が現行の水準にとどまる場合、四四七一万人になります。前者の推定は、女性や高齢者が総出で働く「皆労働社会」と呼んで差し支えないですが、それでも労働人口は、一七七八万人減るわけです（国立社会保障・人口問題研究所、二〇〇六）。

　この時日本経済の規模を表すGDPは、どのくらい減少するでしょうか。

定義：GDP（国内総生産）＝
労働人口×一人当たり労働生産性…①

［2004年］
498兆円＝6,642万人×750万円（人）…②

［2050年］
365兆円＝4,864万人×750万円（人）…③

［2050年］
498兆円＝4,864万人×1,000万円（人）…④

定義：一人当たりGDP＝
国内総生産÷総人口…⑤

［2004年］
390万円＝498兆円÷12,783万（人）…⑥

［2050年］
384万円＝365兆円÷9,515万（人）…⑦

一国の国内総生産は、基本的には労働人口と一人当たり労働生産性を掛け合わせたものとして計算できます（式①）。二〇〇四年のGDPは、約四九八兆円でしたから、この年の一人当たり労働生産性は約七五〇万円と想定できます（式②）。

　ここで一人当たりの労働生産性が今後も不変と仮定した場合、GDPはどうなるか。女性と高齢者の労働参加が進んだ場合、労働人口六六四二万人から四八六四万人に減少、それに応じてGDPは約三六五兆円になります（式③）。GDPは二〇〇四

したのちに、男女がどのようなライフスタイルを選択しようと、それは当人の自由であり、政府による余計なお世話は慎むべきである。ちなみに就職活動時に学歴を尋ねないことで話題になった企業があったが、どうせだったら性別も尋ねなければよい。大学の入学試験や大学教員の業績審査と同じく、氏名・性別を匿名にするのである。就職採用試験のときには、面接試験はカーテン越しに行い、声も変換して性別がわからないようにする。純粋に、能力だけで評価する試験にすべきなのである。

　市場の性差別を撤廃すれば、あとは個人の能力とライフスタイルだけが問われることになる。性別や年齢は関係なくなる。女性は結婚・出産を期に退職しやすいという事実を根拠とした「統計的差別」も、結婚・出産を期に退職する（雇用側にとっての）リスクを男性も同等に抱えることになるのだから、正当化されなくなる。男だって妻の転勤に連れ立って退職するかもしれないし、育児退職したり、育児休業・短時間勤務を要求しはじめるかもしれない。男女問わず、どんどん働きたい人は働けばよいし、適当に働いて育児や家族との時間や自分の趣味を大切にしたい人は、そうすればよい。制度設計が完備したあとの選択は、当人たちの自由である。政府は、明確な性差別の撤廃にだけ尽力すればよいのであって、特定のライフスタイルを諸個人におしつける必要はない。

年時の約七三%となります。逆に、二〇五〇年に二〇〇〇年と同程度の経済規模を維持しようとすると、一人当たり労働生産性は約一〇〇〇万円でなければなりません（式④）。つまり、現状からは約三三%の上昇です。これが意味することは、労働生産性を一定と仮定すれば二〇五〇年、GDPは現在のほぼ七割になり、逆に現在の経済規模を維持しようとすれば、一人当たり労働生産性を三三%上げなければならないということになります。

　これらはいずれも極端な想定ですが、公的セクターの民営化や金融自由化によって経済成長を維持しようとする構造改革派は、基本的に後者の路線を目指していると考えられます。おそらく二〇五〇年の日本の現実は、これら両極端の中間にあるものと思われます。労働のIT化やロボット化など技術革新、さらには労働効率の改善などによって、一人当たりの労働生産性は、今後も高まっていくことが予想されます。教育政策によほどの失敗がなければ、それほど過大な目標ではないでしょう。

　しかし、一国の経済規模が縮小し、現役労働人口が劇的に増えなくても、日本国に住む国民一人ひとりの豊かさが減少するわけではありません。経済規模がもたらす恐怖心は、一国の豊かさを一人当たりGDPという指標で計算することで、かなり軽減されます。たとえば、二〇〇四年の総人口は一億二七八三万人ですから、これを労働人口六六四二万人で割ると、一人当たりGDPは約三九〇万円になります（式⑤と⑥）。ここで、「日本の将来推計人口」の中位推計を用いて、出生率が現在とほぼ同じ水準の一・二六で推移したと仮定すると、二〇五〇年のGDPは三六五兆円となるので（式③）、二〇五〇年の一人当たりGDPは約三八四万円になります。これは、二〇〇〇年の一人当たりGDPとほとんど変わりがありません。

　要するに、一国の経済規模が減少したとしても同時に総人口も減るので、一人当たりGDPはさほど減らないわけです。だとすれば、少子化や人口減少がもたらす問題の本質は、現役労働人口の減少、経済規模の縮小、経済成長の鈍化、現行年金・医療・介護制度の不安定化といった個々の現象にあるんじゃなくて、一国の豊かさを人々にどのように配分するか、その財やサービスの配分のありようが公正化かどうかにその本質を見るべきじゃないか。国民一人当たりの豊かさが減るわけではないんですから。それはあくまで制度設計や社会構想の理念にかかわる問題なんです。

年金における世代間公平をどう確保するか

　二〇〇四年の年金改革では、政府・与党が提出した年金改革案に対して、異論・反論が噴出したことは、記憶に新しい。「年金未納」とか「人生いろいろ」など、年金改革にとっては本質的でない論点ばかりが政治争点化した感があるが、もっとも根幹にある問題は、年金制度における世代間公平をどう概念化するかということだったはずである。

　しばしば現行の年金制度が複雑だと指摘される。これは単に手続き上のことではなく、年金制度を運用する哲学がごちゃごちゃなのである。積立方式なのか賦課方式なのか判然としない（明らかに賦課方式なのだが、「納めた分だけ老後になって取り返す」という積立方式的な発想をする人も少なくない）、一階部分（基礎年金）と二階部分（所得比例年金）の機能も整理されておらず、職種ごと・ライフスタイルごとに異なる年金体系に属さざるをえない。一生涯にわたる負担と給付の差引勘定（給付負担率）の世代間格差がしばしば指摘されると同時に、平均的な現役世帯の何%が給付されるかという所得代替率に関する議論も盛んであった。

　こうしたなか注目されているのが、一九九九年からスウェーデンで採用されているみなし掛金建ての年金制度である。本書では一貫してスウェーデン信仰を戒めてきた著者だが、たしかにこの制度は悪くない（苦笑）。西沢和彦『年

たとえば、都市と農村、高齢者と現役世代と子ども、男性と女性、未婚者と既婚者、子どもがいる人といない人、共働きの世帯と片働きの世帯などの、さまざまな社会的線分に応じて、どのように新たな配分の原則を見出していくか。公共社会学の課題として問われる問題なんです。

人口減少を前提とした社会を構想するという点に関しては、社会保障とりわけ世代間公平に配慮した年金制度の改革、親のライフスタイルを問わない子育て支援のあり方が最優先に論じられるべき課題と思っています。前者は、財とサービスの世代間配分の問題であり、後者は、世代間配分の問題であると同時に、親のライフスタイルにかかわる配分原理の問題です。

年金給付の引き下げを恐れるべきではない

……先生は、年金制度についてかなりはっきりしたビジョンをもっておられるようです。最後に先生の構想される年金制度改革についてお聞かせください。

現行の年金制度の維持可能性を論じる際に、出生率予測が重要な役割を果たすのは、現行の年金制度が、現役世代が負担した年金額を基本的には単年度主義で、引退した高齢世代に再配分する「賦課方式」（世代間の助け合い）をとっているからです。当然のことながら少子高齢化が進めば、負担する人が減り、給付を受ける人が増えます。そこで、今のままでは年金制度は破たんせざるを得ないだろうという懸念につながるわけです。

しかし、問題の本質は、年金や医療保険・介護保険における負担の公平、すなわち、誰にどれだけどのようなかたちで負担してもらうのを正義と考えるかについて、公共的な問いが浮上せざるを得ない点にあると考えてます。というのも、少子化のデメリットとしての年金破たんは、視点を変えればあっという間に消失してしまうからです。極端な例を出して恐縮ですが、政府が「明日から、年金制度はやめます。老後の設計は、自分で蓄財して、自分でやりくりしてください」と一方的に宣言してしまえば、年金制度の破たん問題は消えてなくなります。あるいは、「年金の給付水準はそのままにして、現役（将来）世代はもっと負担しなさい」とか「現役世代の負担水準は低く抑えて、高齢世代への給付を一挙に五割カットしましょう」とか、どこか特定の世代や集団の利益

金大改革』（日本経済新聞社、二〇〇三年）をもとに、そのしくみをまとめてみよう。

①所得比例年金に一元化。最低保証額に満たない場合、国庫負担で保証する。

②拠出（掛金）建ての賦課方式。保険料拠出を年収の一八・五％で固定。平均寿命の伸び・経済成長の変動を給付で調整する。

③一八・五％のうち一六・〇％は個人別勘定を設け記録する。各年の年間所得にみなし運用利回り（＝一人当たり賃金上昇率）をかけ、一六・〇％の保険料拠出を毎年（概念上）積み立てる。残り二・五％は、実際に積み立てられ、個人別に運用される。あくまで「概念上の拠出」であり、実際には賦課方式で運営されている。

④六一歳時点で積み立てた総額を、平均余命で割った値が年金受給額となる。受給年齢を引き伸ばすことも可能。

西沢はスウェーデン方式のメリットを、⑴負担と給付の関係が明確。積立総額を平均余命で割るので高齢化にも対応可。⑵賦課方式から積立方式に移行した場合に発生する「二重の負担」を回避できる。⑶負担をめぐる世代間公平も世代内公平も問題にならない。⑷早期退職誘因も貯蓄率低下もない、ことに求めている。

たしかに所得比例への一本化は、「た

だけを重視する言い分が通ってしまえば、それだけで問題は一挙に解決してしまう。要するに、年金制度が破たんしかねないという懸念は、政府が現行の年金制度を維持しなければならないという問題関心のもとでのみ解決すべき問題として立ち現われます。その前提を取っ払ってしまえば、そもそも「問題」ですらないんです。今後の少子高齢社会で年金給付が減ることは、誰もが予想していることでしょう。問題は、どのような減り方ならば、公平性の観点から受容できるか、ということであって、出生率を回復させて現行制度を維持することではありません。

そもそも出生率のことだけ考えれば、年金給付を限りなく減らしていくことは、出生率を回復させる可能性もあるかもしれません。

アレッサンドロ・シグノーという経済学者は、賦課方式の年金制度は家族の扶養システムを崩壊させ、子どもの需要を引き下げ、賦課方式の担い手である次世代の再生産が抑制されることで、自らを崩壊させてしまう矛盾をもっていると言っています（『家族の経済学』多賀出版、一九九七）。といいますのも、子どもをもとうとする動機、ないし子どもの効用としては、一、子どもが親にとって喜びや満足の源泉となるという「消費効用」、二、子どもが働いてお金を稼いでくれる「労働効用」、三、親が老齢になった時に子どもが面倒をみてくれる「生活保障効用」の三つが定番です。つまり、賦課方式という社会保障のシステムが充実すれば、子どもの生活保障効用が減って、子どもを増やす必然性がなくなってしまい、子どもの数は減ると。逆にいえば、子どもの数を増やすためには、子どもの生活保障効用を増す、つまり、社会保障を縮減すればよいということになります。これまで、少子化が問題視される根拠として年金制度の破たんが挙げられてきたわけですが、まさにその年金制度の充実が少子化を進めてきたというわけです。興味深いパラドクスですね。

もっとも私は、年金の廃止を主張したいのではなく、年金制度そのものは必要だという立場です。可能であれば、積立方式が望ましい。積立方式とは、現役時代に負担したお金を政府に運用してもらい、それを老後に取り崩すという制度です。この方式では、原則的には少子高齢の影響を受けませんし、いつどこで働くかというライフスタイル上の選択に対しても中立的です。若い頃からこつこつと積み立てていた人はたくさんもらえ、そうでない人はもらえない。非常にはっ

くさん負担した人はたくさん給付される」という原則にかなっており、積立方式の利点をうまく取り入れている。また最低保証年金は、生活保護と同じく最低限の生活権を保障するという意味で、国庫で負担するのが妥当である。さらに受給年齢を六一歳以降自由に決められることは、高齢者の「選択の自由」を最大限尊重している。就業、出産など人生の選択に対しても中立的であり、これらはたしかに評価できるポイントである。

もっとも第5章でも確認したように、賦課方式にも積立方式にも固有のリスクがある。賦課方式は、人口構成の変動というリスクを抱えており、少子化が進むと破綻しかねない。積立方式は、急激なインフレや、低成長による運用利回りの低下というリスクを抱えている。この問題をスウェーデン方式がどのように解決しているか。それは、⑤自動財政収支均衡法というしくみである。

「みなし運用利回り」としては一人あたり賃金上昇率が採用されているが、これだと、少子化の進行や雇用情勢の悪化に伴い働く人が減ると、給付財源は乏しくなる。そこで毎年年金財政をチェックして、年金債務が年金資産（毎年の年金保険料+積立金）を上回るときには、みなし運用利回りを自動的に下げるわけである。この結果、制度は長期的に健全に維持できるとされる。

そもそも少子化のデメリットは、(1)経済成長の鈍化、(2)年金制度の不安定化、にあった。スウェーデン方式をとり

きりしています。負担と給付のバランスがどうのこうのという問題そのものが発生しないんです。長生きすることのリスクは、同一世代内でのみ分散される。ただ、こうなると私的年金とどこが違うのか、という疑問も生まれます。政府に積立を任すくらいなら、民間に任した方がいいという意見もあります。いずれにしても、積立方式のなによりもの特徴は、そのわかりやすさで、賦課方式よりははるかにましな方法です。

ただ、問題がないわけではない。いったん賦課方式で運営されている制度を積立方式に切り替えようとすると、いわゆる「二重の負担」の問題が発生するからです。つまり、移行期の世代は、賦課方式のもとで高齢世代の年金分を負担しながら、自らの年金分も積み立てなければならない。そんなのはイヤだときっと誰もが思うでしょう。この負担をどの世代が担うのかを考えると、賦課方式から積立方式への移行は現実的ではない。

その場合、現行の賦課方式で、なんとか世代間の公平性を担保していくしかない。そのような立場に立つならば、経済成長や少子化がもたらす負担を全世代で分担する方法として、マクロ経済スライドといって、年金給付を徐々に減らしていく方法がある。これは現行制度ですでに導入されていますので、今後、社会保障と税の一体改革を進めていく際にも、このやり方を無に帰してしまうのは得策ではありません。

年金問題に関する議論は複雑で、いざ解を見つけ出そうとしてもその道のりは容易ではありません。しかし、年金の負担が増えたり、給付が減ったりするということに過剰に反応すべきではありません。むしろ年金制度の公平さを理念的にできるならば、それに伴う負担を積極的に引き受けようと、誰かが声にする必要があります。

ただし制度設計にあたっては、特定のライフスタイルや家族像を前提にするべきではないということを強調しておきたい。低出生率を前提としたうえで、少子化、高齢化がもたらす負担を、特定のライフスタイルや特定の世代に集中しないかたちで分配すべきです。そうした制度設計が、福祉・医療・介護・雇用・労働市場・家庭などの個々の領域に即してどのようなかたちで構想可能かを具体的に考えていく作業が、当面の課題です。

……今日は、長い時間ありがとうございました。

(2012.04.12)

いれれば、経済成長の鈍化は、自動財政収支均衡法によって対処されるから、制度の健全性は維持される。ただ少子化や低成長によってみなし運用利回りが低下すれば、年金受給額は減る。つまり現役時に積立てた額を、老後に平均余命まで生きればすべて返してもらえることが確定しているわけではない。完全な積立法式や民間貯金のようなものを連想していると、少しガッカリすることになるかもしれない。

しかしみなし運用利回りは、毎年、すべての世代に適用されるのだから、少子化がもたらすデメリット(低成長・人口構成の変動)を、全世代で分担していることになるのである。その意味では、世代間不公平はない。みなし運用利回りの低下を、特定の世代が子どもを産まず、少子化が進んでしまったからだと非難することは可能かもしれないが、そうした発想そのものを拒否すべきなのである。「少子化がもたらす負担を、社会全体で共有する」という発想からいえば、この制度は理想的である。

ただしかなり長期的にみれば、高成長が長く続いた時代の人は生涯年金受給額が多く、低成長が長く続いた時代の人の受給額は少なくなる。よって所得代替率は、経済成長率の変動による影響を受ける。豊かな時代を長く生きた人は相対的に多くの給付を受け、相対的に貧しい時代を生きた人の給付は少なくなる。所得代替率をつねに一定に保つことを世代間公平の基準とするならば、これは新たな世代間不公平を容認しかねない。

しかしそれは、今の場合あまり関係ない。賦課方式のもとでの世代間公平は、単年度における、現役世代の負担と高齢世代の給付がどのような割合であるべきかについて論議しているからである。異なる時代、たとえば一九世紀を生きた世代と、二一世紀を生きた世代の公平を比較しているわけではない。橘木俊詔は、「生まれた年代の違いによる幸・不幸は、不条理を伴うことが避けられない」というライフコース論の観点から、世代間不公平には不可避な面があると述べているが(『家計からみる日本経済』岩波新書、二〇〇四年、一五八頁)、この文脈でならその主張も理解できないことはない。

著者の暫定的な結論としては、負担と給付の関係が明確で、ライフスタイル上の選択からも中立である点で、このみなし掛金建てはじゅうぶん評価できる。純粋な積立法式のように、負担と給付が完全に対応するわけではないにしても、(少子化などによって生じる)年金受給額の変動というリスクを、すべての世代で分配できるからである。残る問題は、いかにしてこの制度を、現在の年金制度に接ぎ木していけるかである。ここから先の議論は、高山憲之や西沢和彦など、優れた年金学者に委ねたい。

ただしこの議論を、特定世代や特定集団の個別利害に基づいて矮小化するなら、必ず世代間・集団間紛争になる。たとえば最近、民主党は、スウェーデン方式にかなり近い所得比例年金制度を提言している。年金改革論議は現在も継続中だが、「自分は、与党案ならいくらもらえる、民主党案ならいくらになる」という差し引き勘定は、有意義とはいえない。

たとえば、すでに年金を受給している世代、これから年金を受け取ろうとしている世代が、「受給額が減るから反対」といった形で、数に任せて自分の世代だけ都合のよい理屈と政策を振り回すならば、現在でも重い年金負担にあえぎながら、将来的にも十分な給付を受ける見込みが少ない世代の不満は、頂点に達するだろう。ひょっとすれば、「高齢世代を、まとめて姥捨山に送り込んでしまえばええんや」という過激思想が出てこないとも限らない。そうならないためにも、あくまで選択の自由を保障し、少子化がもたらす負担を公平に分配する制度設計という観点から、制度の是々非々を評価すべきなのである。

それにしても厚生労働省は、今回の年金改革における負担と給付を計算するにあたって、出生率が二〇五〇年には一・三九まで回復し、二一〇〇年には一・七三まで上昇すると予測していたらしい(高山憲之『信頼と安心の年金改革』東洋経済新報社、二〇〇四年、六六頁)。およそありえない想定である。

むろん厚生労働省は、男女共同参画的な少子化対策を行えばいずれ出生率は回復すると考えているのだろう。それが夢想に過ぎないことは、本書で繰り返し論じてきた。たしかに男女共同参画政策にまったく効果がなかったとしても、出生率低下のうち、純粋に出産タイミングの遅れによって生じている部分が解消されたり、景気回復が順調に進むことによって、出生率が多少回復することは、ないとはいえない。だが、今後高齢化率も高まる五〇年までに出生率が一・三九まで回復するというのは、あまりに楽観的すぎる。こんないい加減なやり方で、年金制度への信頼が得られるわけがない。

「備えあれば憂いなし」といった総理大臣がいた。至言である。あてにならない出生率回復に神頼みするより、少なくとも現在の低出生率がしばらく続くことを前提とした上で、いや、一・〇、さらには出生率の下限とされる〇・八まで下がると想定した上で、年金財政を設計することが必要ではないか。むろんそれを、国民にわかりやすい形で公開することも重要である。そうした判断材料なしに、民主的な決定は不可能だからである。

そうした情報公開の結果、将来の受給額がいかに少なくなることが予想されようとも、選択の自由と負担の分配という理念さえ貫徹された制度が設計されるのであれば、少なくとも著者は肯定する。

五十嵐敬喜

コモンズ、そして総有論へ……人口減少への切り札

まちづくりをどのようなかたちで実現するかは、そこに住むみなさんの自由です。
つまり共同の定期借地の上で、自分たちのまちづくりを行おうというわけです。
一つひとつの戸建てが集まった町でも構わないし、共同住宅を建ててもいい。
楽しく働ける集会場があってもいいし、高齢化に対応して医療施設を招致する必要もあるかもしれません。
そういう生活に即した発想で都市をデザインする。それが、私たちのいう「総有論」です。

……現代の日本では人口減少と高齢化が同時に進行していて、それがいささかヒステリックに悲観的に語られているように思われます。しかし人口の減少と高齢化はもはや避けがたい事実として捉え、むしろ私たちはそうした事態に対応するどんなビジョンを描くことができるのかを考えていくべきではないのか。それを、先生のご専門である都市計画やまちづくりの法律的側面、とくに具体的に「総有論」という観点からお話しいただきたいと思います。

　論点は三つあります。一つは、これまで日本の都市計画が抱えていた問題を、この人口減少と高齢化を契機として、本来のあるべき姿へと是正していくチャンスとなるのではないか、ということ。二つめは、そもそも都市計画というのは人間の幸福を実現するためのものであるはずですが、人口減少と高齢化がとくに都市部で起った場合、これをどのように考えていけばいいのか。三つめは、こうしたことの最善の解決策として先生が中心となって提唱されている総有論において、もっとも重要になってくる「所有権の放棄」について、具体的な事例も含めてお話しいただきたいと思います。

　まず、総有論の前提にもなっている人口減少と高齢化ですが、これはもう、両方一緒くたにやってくるわけですね。

いがらし・たかよし
1944年山形県生まれ。早稲田大学法学部卒業。弁護士。現在、法政大学法学部教授。都市政策に精通し、都市計画や公共事業に対する批判を展開。クリストファー・アレグザンダーが提唱する「パターン・ランゲージ」を実践し、日本初となった神奈川県真鶴町の「美の条例」の制定や、日本における「日照権」の定着に尽力。景観学会副会長、また民主党・菅直人のブレーンとして内閣官房参与などを務める。著書に『美しい都市と祈り』学芸出版社、2006、『都市法』ぎょうせい、1987、共著に『都市計画法改正「土地総有」の提言』第一法規出版、2009など多数。

五十嵐敬喜
「現代総有論」『季刊まちづくり』28号、学芸出版社、二〇一〇より

二　都市計画とは何か

(1)イギリスの都市計画

①人間としての最低限の生活の確保

　いわゆる近代都市計画法といわれるものが始まったのは、世界的に見て1909年のイギリス都市計画法だとされている。

　イギリスでは18世紀後半、ワットの蒸気機関の発明に象徴される産業革命が始まり、農村から都市への人口集中が始まった。当時、イギリスの都市はいまだ「中世」のままであり、流入する人口に対する上下水道、ゴミや産棄物の処理、伝染病対策が不十分であり、衛生条件はきわめて劣悪であった。また当時は交通手段も未発達であり、労働者は職場まで歩いて通える範囲に密集して住まざるを得なかった。これが「スラム」となり、コレラなどの伝染病の温床となったのである。

　イギリス政府はこれに対処するため、「迷惑行為取

ええ、それがいちばんの特色だと思います。仮に人口減少だけであれば、数字で言うと江戸時代の後期あたりの日本の人口に戻るということで、地球環境の問題や文化的な成熟、あるいは人が生きるためのさまざまな諸条件をみて、人口が三〜四〇〇〇万人くらいになることは必ずしも悪いことではない。人口に合わせたそれなりの社会システムが完備されて、人生の生き方が模索されそれなりの回答が見つかれば、むしろ適正社会かもしれないという感じもします。

今はもう亡くなられましたが、以前、環境学者で水俣病を最初に告発された宇井純先生とお話しをしていた時に、先生は、人と人同士が緊密な関係を保ち、しかも侵略も搾取もしないで、それぞれの個性や自治を保ちながら、高い水準の文化を享受していた実例として、日本の江戸時代後期をあげていました。その時が三〇〇〇万人くらいなんですね。日本では江戸時代以前まではずっと一〇〇〇万人以下の人口で推移していたけれど、それではちょっと少ない、と。宇井先生は水や食料、廃棄物などいろんな環境的サイクルを考慮して、有機的で自然を持続的に維持していくには、日本ではだいたいそれくらいの人口が最適だと考えておられたようです。

私もまったく同感で、なにも人口減少をマイナスとだけ捉える必要はない。しかし今日の特徴は、同時に「高齢化」(六五歳以上)ということが起っているんですね。これは相当に重たい。じつは私も今、母親を介護していますし、そういう私自身もちょうど後期高齢者の仲間入りをしたところで、こうした老人たちが人口の約四〇%くらいを占める状態になるとすると、これはもう人類史上かつて例をみない特異な現象なんですね。

江戸時代後期は人口こそ三〜四〇〇〇万人程度ですが、子どもも多く、労働人口も多い割に、老人はそれほど長生きできない時代ですから、年齢の分布は適切なピラミッド型を描きます。それが現代になると、長寿化と少子化によって、子どもや労働人口の割合が少ない寸胴のような形になり、やがて逆ピラミッドになってしまう。二一〇〇年、つまりあと九〇年後、今生まれた赤ちゃんが九〇歳になる時には、人口四〇〇〇万人で高齢者は四〇%以上を占める。いま日本はそういう社会にまっ

締り法(Nuisances Removal Act)」(1846年)、「都市改良法(Town Improvement Clauses Act)」(1847年)、「公衆衛生法(Public Health Act)」(1848年)などを次々と制定していく。さらにその後、不衛生地区(スラム)全体のクリアランスを目指した「職工労働者住宅改良法(Artisans Labourers Dwelling Improvement Act)」(1875年。当時の内務大臣の姓をとって「クロス法(Cross Act)」と呼ばれる)などが制定される。そしてこれらの個別対応だけでなく、公衆衛生および住宅の確保という観点から「都市の改造」が目標となり、これが「都市計画」の原点となった。

20世紀に入ると、都市改造は物的にも制度的にも強化されていく。ロンドン、グラスゴー、シェフィールド、リバプールなどの大都市では労働者のための住宅が建設されたが、大多数の地方自治体では財政上の理由で公営住宅の建設は進まなかった。そこで自治体に住宅建設を強制する「住宅・都市計画法(Housing Town Planning Etc.Act)」(1909年)が制定され、これが世界初の「近代都市計画法」と呼ばれるようになる。公衆衛生を徹底するための工場地帯と住宅地の分離、あるいはスラムの除去と住宅の建設は、人間が人間として生きていくための「最低限の保障」であった。

②人間としての普通の生活

1930年代末、都市計画は保守党のネビル・チェンバレン首相(Neville Chamberlain 1869年〜1940年)が「現在の産業及び人口の分布状況をもたらすに至った原因を究明し、今後の方向を予測して、大都市または一定地域への集中を是正する政策を提案する」としてバーロー委員会を設立したことによって、一挙に国レベルの政策となった。1940年にまとめられた報告書で、同委員会はロンドンなど大都市への産業と人口の集中は社会的利益にとって害であるとし、そこでは「過密と過疎」の解消(具体的には

しぐらに向かっている。そのような時に、明日、明後日の介護の充実や社会福祉の再構築を言うだけでは到底対処しきれません。まさしくこれは、すべてのレベルでのパラダイム転換、すなわち価値観の根底的な変革が要請されるのです。都市政策や都市問題だけではなく、あらゆる学問のパラダイム転換が必要だし、それに伴い一人ひとりの生き方を含む経済や社会制度の一切の転換が迫られている。そんなふうに私は見ているんです。

日本の将来の問題を先取りした東日本大震災

折しも二〇一一年三月一一日に、日本は東日本大震災という未曽有の大災害に見舞われました。この大震災が、すでに人口減少と高齢化が大きな課題となっていた東北の各市町村を襲ったことで、はからずも日本の将来に行き当たるべき難問を、待ったなしで先取りするかたちで対策を考えなければならないということになりました。私たちが行っているあらゆる対策は、今後五年後、一〇年後に日本の社会のさまざまな場面で必要とされるパラダイム転換が、はたしてわれわれに可能なのか不可能なのか、まさにそのことが問われているのだと思います。

しかも今回の震災では、現代の社会生活に潤沢な電気エネルギーを供給し続けてきた原子力発電所の破損と放射能汚染という、また地震や津波という災害とはまったく別な問題も抱える結果となっている。地震や津波ならばスケールの違いはあっても私たちには経験がある。しかし、原発事故は、初めての経験です。このような状況についていろんな言い方はあるでしょうけれど、私自身は、第二次世界大戦で日本が負けた時くらいの状況であり、そのところからの再スタートだと考えています。

広島と長崎に核爆弾が落とされ、放射能に汚染された焦土が広がった一九四五年。今回の被災地に行くと、津波にさらわれて市街地全部が無くなってしまった光景が、あの原爆や空襲による焼け跡のようで、私には非常にオーバーラップしてしまいます。私自身一九四四年の生まれで、四五年の

ニュータウンの建設など）がうたわれた。都市計画史の観点から言えば、都市計画は「都市」にとどまらず、「国土全体」の問題となったのであり、またその国土全体の観点からいえば、一極集中はそれ自体が「悪」とみなされたことを確認しておきたい。

かのエベネザー・ハワードが大都市近郊に中産階級のために、人口2万ないし3万人の緑に囲まれた職住一体の「田園都市」（「明日の都市」）を企画したのもこのころである。

この政策は第二次世界大戦で一時中断されたが、田園都市のイメージはイギリスの都市計画の根本思想として生き残り、現在でもそれぞれが個性的、分権的でしかも美しい都市となっている。スラムの除去と公営住宅の建設を人間としての最低限の生活の保障とすれば、田園都市は人間としての「普通の生活の構築」のための営みである。

③人間としての質の生活の向上と歴史や文化の継承

しかし、イギリスもその後順調に発展したわけではなく、第二次世界大戦後、二つの潮流が大きく相対立してくるようになる。

一つは、もちろん日本だけでなくいまや世界中を席巻しているコンクリート、ガラス、鉄という大量工業製品をバックにして生まれてくる「高層ビル」（近代建築）への対処である。高層ビル（垂直都市）の元祖はスイスの建築家ル・コルビジェの「輝く都市」（これは1933年アテネ憲章の「機能主義都市計画」として結晶した）である。輝く都市では緑、空間、太陽の確保を目標に、高いビルのまわりに公園を配置し、周辺を高速道路が走る。このイメージは全世界を支配し、イギリスにも浸透してきた。

もう一つは、日本ではほとんど知られていないが、イギリスではこれと正反対の動きも大きな力を持つ。そのリーダーとなっているのがイギリスのチャールズ皇太子であり、彼は高層ビルがイギリスの秩序や伝統ある景観を破壊していると批判し、同時に自ら率

敗戦の時からずっとここまで生きてきた。その歴史が全部私の中に重なっている感じがあり、そういう意味では今回の大震災は、私の人生の総括の機会とさえ感じさせられます。一九四五年、つまり昭和二〇年の戦後のあの出発点に、今また私たちは立たされているという感じですね。

とはいえその違いも、またはっきりしています。

確かに状況は似ています。しかし先の戦争では約三〇〇万人もの人が命を落とし、財政も完全に破綻して国債もみんな紙くずになっていますから、社会的にも経済的にも今回の大震災とは比べものにならないくらいひどかったはずです。でもその復興プランは、今考えてみると非常に描きやすかった。当時はもちろん、戦争責任論から始まって新たに「憲法」を制定し、天皇イコール神から象徴に変え、臣民であった国民を〈主権者〉に変えた。つまりパラダイム転換を行った。それはそれで大きな変革であり困難も付きまといましたが、今日とは異なる新しい条件も備わっていた。それは、なんといってもみな、子だくさんで人口が増え、労働人口も、経済もどんどん深く広がっていった。当時の七〇〇〇万人の人口が六〇〇〇万も増えていく。つまり「モノをつくって成長し、その成長はまたものづくりを促す」という一点を押さえて計画する、それが高度経済成長というものですが、それが「希望あふれる未来の設計」へとスムーズにつながっていったのです。

電化され豊かなモノにあふれた生活、クルマ、掃除機、冷蔵庫、炊飯器、それらを購入できるような高い所得、庭付き一戸建てのマイホーム……。こうした戦後の「幸福のシナリオ」を一番うまくデザインしてみせたのが田中角栄でした。彼は一〇〇件に及ぶ議員立法を成立させ、「都市政策大綱」と「日本列島改造論」を国家政策として推し進めます。これによって新幹線が走り、高速道路も通り、それ以上に速い飛行機が飛び交う現代の日本の社会の基盤がつくられました。彼は郵政大臣も務めていますから、その意味では情報ネットワークづくりにも力を入れました。日本列島が時間的にも、空間的にもつくり変えられる。生活は便利で、機能的になる。モノがあふれる。つまり幸福の総体を、日本列島改造論と都市政策大綱でつくりあげてしまったということです。

先して「アーバンビレッジ・グループ」という団体をつくってイギリスの伝統的なコミュニティを再評価し、これを都市の再生や持続可能な都市づくりに活かすべきだという。彼はその著書『英国の未来像』(出口保夫訳　東京書籍)で、建築の原則として「場所、建築の格づけ、尺度、調和、囲い地、材料、装飾、芸術、看板と照明、コミュニティ」を挙げ、いわば無国籍で地域の歴史や文化を切断している高いビルと対峙している。

このような対立は、都市の質＝生き方の質をめぐる対立としてみることができる。都市計画は、ある程度人間として普通の暮らしを確保した人々が、今後どのような生き方をしていくか、すなわち何を「幸福」と考えるかという哲学と対面するようになったのである。

(2)日本の都市政策

日本の都市政策は、今日まで一貫して「都市の膨張」を前提にして作られてきた。日本で都市計画という言葉が法文上登場したのは１９１９年の旧都市計画法が最初であり、そこでは都市計画は「交通、衛生、保安、防空、経済等に関し永久に公共の安寧を維持し又は福祉を増進する為の重要施設の計画」(第1条)であった。先に都市計画とは都市問題を解決するための道具であると定義したが、良くも悪しくもこの旧都市計画法にはその特徴が貫徹されている。すなわち都市計画とは、日本では何よりも道路などの「都市施設の建設」のことなのであり、これが今に続く「公共事業」の原点ともなっている。4種類の土地利用規制はイギリスの公衆衛生の思想と同様である。公共事業の突出という特異点はあるが、総じて日本でも都市計画とは人間としての最低限の生活を確保するものだという観点から始まった。

１９４５(昭和20)年8月15日、我が国は敗戦を迎えた。日本の国土はアメリカ軍の空襲と原爆投下に

ところが今回の大震災に対する復興プランには、そうした押さえるべき「核」がない。モノをつくることやそのための流通の基盤を再整備するだけでは、ダイレクトには幸福と結びつかないし、そもそもモノをつくり消費する世代の人口が危機に瀕しているわけですから、そのようなシナリオは成功するはずがない。危機に対する認識もその対処も、田中角栄とは一八〇度変えなければならない。むしろ私としては、震災復興を起点に日本の将来の都市計画を、全部田中角栄の真逆の論理で書き換える、つまり、新しい日本列島改造論をつくなければならないと考えています。

今、日本の社会では何が起っているか?

「田中角栄の真逆の日本列島改造論」というと奇妙に聞こえるかもしれませんが、今度新東名高速道路が開通し、高速道路も新幹線も航空網もほぼ完備され、新しいテレビタワーもできて情報網も完備された。しかしこれ以上の利便性が果たして必要だろうか。翻って、その中に住む私たちの幸福のありようを考えてみると、従来の価値はみんな解体されてしまって手掛かりを失っている。物質や情報は山ほどあるのに、何かしら心の奥に風が吹き抜けていくような寂しさがある。

老人介護の問題一つとってみてもかなり絶望的ですよね。私はまだ母親の面倒をみることができますが、私に順番が回ってきた頃には介護の担い手がいなくなって、子が親をみる、子の代わりに国や自治体が面倒をみるというそのシステム自体が崩れてくる。それにどう対処するのかは、今のところまだ見えてこないですね。

最近の日本では、孤独死くらいではもうあまり驚かなくなってしまいました。しかしこの分野でももう一段レベルの高い異常事態が積み重ねられた。今度は親子あるいは夫婦が一緒に自宅で白骨となって発見されるというようなことが起こった。一人なら孤独死というのもわかりますが、複数、つまりどちらかが生きているというのに、これが発見されない。残った一人はどういう状態で生きてい

より焼土と化した。被害は120余都市、罹災面積は約63000haに及んだ。戦後の都市政策は、戦争により破壊され疲弊した都市の復興から始められる。そこでとられたのは土地を区画整理することと、都市施設の整備を一層強化して推進するという政策であった。

戦災復興後、高度経済成長を目指して、日本では既存の都市を拡大させるとともに、新産業都市などを全国に配置してそれらを結ぶ高速道路、新幹線、空港の建設、そして情報ネットワークの構築などの政策が強力に推し進められた。その背景には土木事業そのものが経済発展を作り出すという物質崇拝の思想があり、国民もまたそれによって便利な生活を享受でき、経済的にも豊かになるという信仰があった。その間、政・官・財のトライアングルという日本政治の独特な構造が生まれたことも記憶に新しい。

これを支えたのが1950（昭和25）年制定の国土総合開発法である。この法律に基づいて1962（昭和37）年に最初の全国総合開発計画が策定され、1987（昭和62）年の第四次全国総合開発計画では総投資額1000兆円という、世界史上に例をみない「開発」王国を演出するものとなった。イギリスが一極集中を「悪」として、都市の分散と自立をめざした第二期、日本はそれとは全く異なった道をめざしたのである。ちなみに、定住圏構想を柱とした1977（昭和52）年の第三次全国総合開発計画は、イギリスのエベネザー・ハワードの「田園都市計画」と親近感を有していたが、主唱者であった大平総理大臣の急逝などもあり、社会に定着することはなかった。

1968年の都市計画法、1969年都市再開発法、1970年の改正建築基準法は、日本の戦後復興後の都市を規定する重要な法律であり、現在私たちが「都市計画法改正」という時の「法」とはこれを指す。その特徴を一言で言えば、強力な中央集権体制の下、全国総合開発計画の圧倒的な開発圧力の影響を受け

たのであろうか。いろいろ想像しにくいのですが、これも新しい不幸の出現だと思います。はっきりしていることは、この残された人は誰も相手にしていないというか、誰にも頼っていないという事実です。自治体や隣近所、親戚や子どもたちからもまったく切れている。

たとえば新宿、中野、杉並といった都市では、単身者世帯の割合は五〇%を超えています。要するに、田中角栄のつくった都市政策大綱は、都市は永遠にイノベーションし続け、老人はもちろん年をとるが、そこに絶えず若い人たちが流入し、都市の活力は衰えないというイメージでできていた。確かに東京の大学には、毎年必ず新入生が全国各地から集まりますし、企業にも新入社員が入社してくる。恒常的に若い人たちがいて、若い人たちがいれば子どもだって生まれる。これを見て大都市圏、とりわけ首都圏への一極集中が大問題だと騒いできましたが、今起っている都市の単身者世帯の増加は、これとはちょっと様相を異にしている。

私はいわゆる団塊の世代のちょっと先駆けくらいな年齢ですが、私たちより上の年代は都市化によって地方からどんどん流入してきた人たちで、大都市圏に住み、育て上げた子どもたちが独立して、その結果今は老夫婦の二人暮らしか独居老人になっている。こうした年寄りが何百万人と出てきた。問題なのは、彼らに対して何か対策を施そうとしても、その実体がなかなか把握できず放置されているということです。彼らは周囲ともあまり交流しないし、とくにマンションの一室では入ることも覗くこともできなくて、何を考えているのか、どういう暮らしをしているのかもわからない。この対策は一極集中対策とは明らかに異なる。

最近では農村でも孤独死は増えてきましたが、それでもまだ隣近所のネットワークが感じられます。もとより都市というのはそうした古いしがらみがないということが定義の一つで、それが都市の自由、ここでは圧倒的なプラス概念の、ということにもつながっているのですが、これがまさにマイナスの要因として機能し始めた。自由の中の孤独、自由の中の放置、自由の中の苦しみと死、これが新しい都市問題として大量に発生し始めたのです。

て、従来の住居系地域20m、商業系地域31mという高さ制限(平面都市)を取り払い、高さ無制限という容積率(立体都市)を採用することによって、開発を促進しようとしたということができるであろう。イギリスの第三期にみられる「超高層」(ル・コルビジェ)への傾斜を、日本でははっきりと制度的に担保したのである。

なお、イギリスのもう一つの潮流である「人間の生活の質」を追求したものとして、日本にも「景観法」(2004年)は登場した。しかしそれは「形態と意匠」の規制にとどまり、チャールズ皇太子のいう建築の10原則とはほど遠いというのが現実である。

先の三段階論でいえば、総じて日本は第一段階を克服し、第二段階はかろうじてクリアしつつあるものの、「普通の生活」から「質への向上」をめざす第三段階ではイギリスとは大きく道を分岐した、といってよいだろう。高い建物を建てるだけの都市計画は国民の要望とはかけ離れている。そしてまた、孤独死や買い物難民などを考えると第一段階に逆戻りし始めたといってもよいのかもしれない。

(3)何故このような相違が生じてきたのか?

それでは何故このような差異が生じてきたのであろうか。それはなんといっても都市や住宅の観念の違いが大きい。日本では特に高度経済成長以降、土地はオールマイティであるという観念のもと、全て商品として生産され、その流通が奨励されてきた。イギリスでは住宅はもちろん生活の場であり、それを中心に都市は公的にコントロールされている。文化的なことを言えば、日本はほとんどのところでつい30~40年くらい前まで存在していた伝統的な生活のしかたや地域の空間・環境をすっかりかなぐり捨ててしまったのに対し、イギリスではヨーロッパのどこでも見られるようにあまり急激な変化を好まず、多くの人は今でも何百年も前の住宅に住んでいるという点もある。

都市化と過疎化のゆくえ

……人口の減少と高齢化が同時に進むこれからの日本の社会は、都市化はさらに一極集中化していき、地方はますます過疎化すると言われていますが……。

要するに、限界集落はもう手の打ちようが無い。子どもを産む人がいないわけですから。ですからそれは過疎化というよりも終焉に向けて一直線に進んでいくしかない。それは農村だけではなく、その他の多くの小規模な地方都市にも及んでくる。一方で人は誰でも働かないと食べてはいけないわけですから、その意味で東京はやはり巨大なマーケットとして多くの人を集め続けるでしょう。しかし一足飛びに東京にはいかないで、たとえば橋下徹大阪市長が大阪都構想を掲げているのを見ればわかるように、どこかの段階で比較的大きな地方都市が、東京に対する衛星都市として充実してくるというようなこともあるかもしれません。これからの大きな流れとしては地方分権が必然だとは思いますが、五年後、一〇年後、さらに五〇年後に、地方のどこが人の住む場所として充実していくかは未知数です。

しかし、先程もお話ししたように、東京には人も集まるが、毎年ものすごい数の人たちが高齢者となっていきます。つまり東京集中とはいっても、その内実は若い都市から老いた都市に変わっている。この老いた人々はいずれ介護が必要になる。しかしその施設を東京につくることはもう限界が見えています。なにしろ何百万人という単位ですから。だとすれば地方につくるしかないですよね。地方につくればそこに人が生活することになるわけですから、ある種の拠点ともなり、そこに通う家族がいたり、商業活動が活性化したり、雇用が増えたりすることも考えられます。

こうしたことが加速度的に進めば、家族も東京から介護に通うのではなく、介護しながらそこで定職について一緒に暮すことを選択するかもしれない。なかにはこういうまちづくりがとてもうまく進んで、地方の拠点として大きくなっていく所も出てくるでしょう。ですから単純に東京に人口が

その他いくつもその相違をあげることができるが、そのような差異を生む根源的なものとして、私は土地所有権の相違があると考えている。日本では土地所有権はオールマイティであり、原則としてそれをどのように利用しようが、誰に売却しようが自由である（建築の自由）。これに対してイギリスでは、土地はもともと女王のものであり、公的な許可がなければならず、自由には利用できない（建築不自由）。この差異をシンボリックに表しているのが日本の容積率制とイギリスの開発許可の差であるということができよう。容積率とは敷地面積に対する延べ床面積であり、簡単に言えばどのくらいのボリュームの建物が建てられるかという基準である。日本はヨーロッパの何倍もの大きな容積率を定め、規制緩和をくり返しながら超高層ビルをつくるのに躍起となってきた。

イギリスの開発許可制とは、建物がその地域になじむかどうかを建物の形態や色彩などから判断し、景観などを重視するというものである。注意すべきことは、このような要因は実はばらばらに生起しているのではなく、これらがいわば論理的に繋がっているということである。超高層ビルは土地の商品化からもたらされる。土地の商品化は自分の土地はどのように利用してもかまわないという、土地に対して絶対的な価値が与えられているということから発生しているのである。したがって超高層を本質的に規制しようとすれば、その前提であるこの建築の自由、あるいは絶対的所有権にメスを入れなければならない。

集中するわけではなく、東京で解決できないことを地方によって解決していくというような今までは考えもつかなかったような現象があちこちで生まれるかもしれない。

　そこに着目すると、少子・高齢化の時代とは意外にも、それこそまさしく江戸時代に還ればいいというようなアイデアを生み出す。昔の「藩」はそれぞれの自治権がちゃんとあって、学校をはじめ独自の文化をもち、たまに参勤交代や普請事業などをさせられて幕府から搾取や隷属を強制されるものの、基本的に今の地方自治体よりもはるかに自由です。もう東京と結びつかなくても、山口藩は韓国と自由に交流したり、九州藩は中国のどこか、北海道藩はロシアと協働してるとか、世界中どことでも自由に触手を伸ばして結びついていけばいい。

　少なくとも県庁所在地くらいは自治権をもって自由に世界と結び付き、独自の文化を育てていくというのがこれからの都市の理想の一つだと思います。田中角栄の都市論はそうした各地方都市の自治を、交通網と情報網で一挙につなぎ中央集権化するというものでしたが、それは画一的で均質な文化を招く結果となった。そしてその肝心な交通網やインフラストラクチュアは、経費的な限界にきて維持管理ができなくなっている。これをそれぞれの仕方で再生させることが必要になってくる。

　田中以来の原子力による発電も、二〇年後三〇年後には無くなる方向へと動き始めています。そうすると今のように無限大の電力を前提としたプランは崩壊するしかありません。エネルギーはもっともっと地域経済と結びついたものになるでしょう。風力、太陽、水力、バイオマスなどの再生エネルギーもそうですが、文化圏も経済圏も生活圏ももう少し小さく、柔軟で、強く独自性をもったものに変わっていく必要がある。

……最近では地産地消エネルギーと言う考え方も出てきましたが、要するに、再生エネルギーを使って地域で自立していくという方向性ですね。

三　総有論の対置

⑵現代的総有

　しかし今回改めて総有論を提起するのは、実はこのような慣習としての権利をそのまま復古的に再生しようとするものではない。これは現代の都市問題を解決するために総有的所有・利用という新しい所有概念を構築するという試みなのであり、そこには現代のあらゆる法的テクニックが動員される。

　これまで現地調査をしながらその利用形態を研究してきた平竹耕三の『コモンズと永続する地域社会』（日本評論社）によれば、総有的土地利用は、その地域の特性に応じて、様々な形態をとっている。

　まず主体がかつてのような村落共同体ではなく、会社、公益法人、組合など現代的な組織であり、将来はこれに自治体やNPOが加わっていくだろう。

　三重県松阪市の御城番屋敷、京都市東山区の祇園町南側、京都市上京区の相国寺を土地、建物、空間の管理という視点で整理すると、土地はそれぞれの主体が一元的に所有し、これを第三者に賃貸し、総有的利用（建物については二元所有、個人所有と空間管理）を行っている。

　また、琵琶湖東南（滋賀県野洲市）の株式会社グリーンちゅうずは、土地所有は個別であるがその利用方法が一元化されている。滋賀県長浜市の株式会社黒壁は、土地、建物とも個別所有であるが、その利用が二元化されている例である。つまり、ここでは「総有」という民法概念がそのまま適用されるというのではなく、所有と利用のそれぞれについて、賃貸（信託）などの近代的な契約を媒介にしながら、総有的な土地所有と利用が行われているということが肝心なのである。

　もう一度強調すれば、現代的総有論は民法上の、慣習に基づく権利をそのまま適用するというのではなく、土地や建物の総有的な利用をめざして近代的

ええ、太陽光や風力、バイオマスなどといったエネルギー源は、遠くまでエネルギーロスをして運ぶよりは、地域規模で使うといちばん効率がいいのではないでしょうか。送電線に乗せて長距離を運ぶうちに、そのエネルギーの半分が消えてしまうというような今のやり方を繰り返しても意味はない。そんなふうにエネルギーのありようが変わっていけば、そこを起点とした新しい都市論もあるかもしれない。

そういうことも含めて今回の東日本大震災では、それぞれの地域がどういうふうに自立し、復興していくかということが非常に重要だと私は思っています。たとえばそうしたエネルギーのつくり方を宮古や釜石、あるいは石巻でやってみる。そこでうまくいけば、人口減少と高齢化を不可避に迎えつつある今の社会に向けた、新しいモデルとなり得るでしょう。反対にここで何もできなかったとしたら、日本の将来にとっての大きな手がかりを得るべき機会を失ってしまうことになるのです。

都市の人口動態の三つのパターン

……先生はご著書のなかで、都市の人口の動態について、東京や大阪のように極端に人口が集中していてそれなりに流動性もある所と、高齢化や老朽化が進み廃墟化が進む大都市周辺と、極端に人口が減少する地方都市の三つに分類されていらっしゃいますが、その辺をもう少しご説明いただけますか。

私が注目しているのは、団塊の世代が産んだ子どもがどこに住んでいるか、ということです。団塊の世代は巨大な人口をもつ世代ですから、その子どもも巨大な数になる。これが今現在、いわば出生能力をもった世代に当たるわけですが、この分布を調べてみると日本の今後がわかる。限界集落には団塊の世代の子どもたちが残っていない。そうすると出生率も極端に低くなってしまうわけです。

それから中間のところ、つまり大都市圏の周辺部ですが、ここはそこに暮らし続ける人と大都市

な所有、賃貸の契約を援用しながら新たに構築するというものである。

この総有的土地利用は、旧い商店街を全面的に更新した香川県高松市の丸亀町商店街の再開発でいわばピークに達した。なぜ商店街で総有なのか。これは今後の総有の展開を見る上で極めて貴重な実験と言える。

(3)高松市丸亀町商店街の概要

高松市丸亀町商店街は、同市北部の瀬戸内海沿いにある高松城の少し南側、県庁や市役所、オフィス街の集中した市の中心部に位置する。丸亀町商店街では1983年から次の100年をめざしたまちづくりを始めている。事業は都市再開発法に基づく第一種市街地再開発事業であるが、施行者である市街地再開発組合以外に、高松丸亀町まちづくり株式会社と高松丸亀町壱番街株式会社がつくられた。壱番街社は保留床の取得を目的とする会社であり、まちづくり株式会社は再開発ビルの管理・運営を行う会社である。つまり土地の保有と運営が分離されているのだ。通常、再開発をする場合は、地権者の土地を建物の床(権利床)と等価交換し、その残った床(保留床)が土地所有権つきで売却されるため、事業後は、建物は区分所有に、土地は共有になって所有と利用が分離されない。丸亀町では、地権者は従来どおり土地を所有し続けるが、建物の保留床については壱番街社が買い取り、権利床については権利者から壱番街社が賃借する。土地の所有は個々の所有者で、土地の利用権は一元的に壱番街社に帰属するため土地の所有と利用が分離される。土地の所有者が再開発ビルで営業するときはテナントとして家賃を払う反面、土地所有者として壱番街社から地代をもらう。借地権者である壱番街社が一元的に店舗の構成を決めることができるので統一的な町並み、デザインを実現できる。壱番街社は地権者と一緒に事業を進め、利益

に出て行く人の二つくらいに分れています。そこで暮すことを選択した人が子どもを産んでくれれば、極端な人口減少は経験しなくて済む。今の埼玉県の南部や千葉県の西部、神戸を中心とした兵庫県の東部は割にそういった感じです。

　で、東京のような大都市圏は、絶えず人口が流入して総体として人口は減らないけれども、徐々に高齢化だけは進行する。だいたいこの三つのパターンに分れるんですね。

……そうした団塊ジュニアもいないような所は本当に人がいなくなってしまう？

　そうですね、当然人もいなくなれば産業も無くなり、さらに雇用も失われていくでしょう。非常に革命的な対策を考えない限り、この人口呪縛はちょっとしたことでは解けないと思います。

　たとえばUターンやIターン、二地域居住など、いろいろな試みが喧伝されていますが、総体的な歴史の流れから見るとこれもなかなか難しい。とくにUターンや二地域居住は地方都市への移住が老後の地を求めてなされることが多くて、極端に言うと住民税を東京で払って、サービスだけ地方から受けるということにもなりかねない。

　所得のあるうちに住民票を移して移住してきてくれればいいけれど、定年退職後のなぐさみに、小さな家を建てて畑でも耕して暮したいというような移住のされ方では、かえって自治体の負担が増えるだけの結果ともなっています。そういう人たちが、病院までのタクシー代わりに多く救急車を使うという話も聞きますね。

　私が籍を置いている法政大学の学生の就職先も、地方にはほとんど見つからない。県庁などの役所と学校の先生あるいは地元の金融機関くらいしか募集がなくて、役所はなかなか入れないし、学校の先生は子どもが少なくなって、今はあるとしてもこの先は募集もなくなっていくでしょう。この学生の就職事情からも日本の将来動向が見えてきます。こうなると今後は地図の上から町が消えて

を地権者に分配するというのはまさしく総有的（共同的）土地利用といえよう。

　何故このような総有的土地利用が生まれたか。この再開発に当初から関わってきた福川裕一（千葉大学教授）の次の一文は、商店街再生のための総有的土地利用が単なる技巧ではなく、いわば必然であることを証明している。

『中心市街地に限らず、まちづくりで第一に重要なのはデザインである。ただし、新奇なデザインではなく、人間が歴史を通して都市や建築で実現してきた、空間に生命をもたらすデザインである。基本的には、その風土・場所に根ざしたデザインの原理を読み取り、時代の要求にあわせつつ継承することが大前提となる。このようなデザインは、目指すべきデザインとしてコミュニティにおいて共有され、コミュニティによってはじめて実現される。コミュニティの価値を表すデザインとコミュニティの価値を実現する街づくり会社は表裏である。これを総有論のまちづくりと呼ぶことは許されるだろう。

　空間は人と人とのコミュニケーションそして社会関係を律する。住宅で言えば家族成員間の関係を、町並みで言えば家族と家族、住民と来訪者の関係を規定する。そこでは、空間のデザインが決定的な役割を果たす。中心市街地再生の最大の目標は、そこがその都市の市民が集い・働き・憩う場所になることである。具体的には、公共空間＝通りを豊かで快適な市民生活の場とすることが目標となる。この目標を達成するのはデザインであって、スキームではない』（福川裕一「中心市街地再生の試み　高松市丸亀町再開発が意味すること」季刊まちづくり23号（２００９年６月））。

　これらはまさしく総有概念の新しい出発点である。市街地の再生に限らず、団地、限界集落、そして人口衰退に悩む地方都市にとって、何よりも「人が集い、働き、憩う場所」が必要であり、そのためのデザイン

いくという事態もどっと増えてくるんじゃないでしょうか。一定の数を割れば自治体の存続も難しくなり、消えていくしかない。一〇年後には、そうした所が確実に増えていく。

日本における都市計画法の弊害

……このような状況が生まれてしまったのは、都市計画法など、日本の国土をデザインする基礎的なインフラの一番の根幹の部分に間違いがあったと先生は指摘しておられます。

ヨーロッパに行くと良くわかるのですが、フランスでもドイツでも、小さな町や村が何となく生き生きとしていて美しいですよね。観光旅行でも最初は大都市の印象が強いけれども、回を重ねるうちにそうした都市だけでなく小さな町のあの庭園がすばらしかったとか、あの食べ物がおいしかった、子供たちが元気に走り回っていたということになる。

ヨーロッパには圧倒的に小さな町が多いんですね。限界集落といえばそうかもしれないけれど、若者がまったくいないわけでもなく寂れた感じもない。そういう町を見ていると、これもモデルとなり得るのではないかと思います。

日本はとくに戦後の七〇〇〇万人台から約一億二七八四万人のピークを迎える二〇〇四年一二月まで、人口は急激に増え続け、それにつれて成長し続けることを前提とした都市計画を採用してきました。端的に言えば、どこでも大きな道路をつくり超高層ビルを建てるというような都市計画です。

しかしヨーロッパは決してそういうふうには考えませんでした。ある程度の成長も必要だけれども、むしろ町の文化とつながりを保持することを優先した。そして、建築は勝手につくっていいものではなく、みんなの合意が必要で、それを都市のマスタープランとしてまとめ、これを遵守していくようなやりかたを採用しました。典型的なのはドイツで、ドイツも日本と同じようにあるいは日本以上

は必然的に総有的土地利用を必要とするという論は鋭い。実際に責任を持って商店街を再生させようという実践の揺るぎない到達点が示されている。

四　経済学との接点

そして最近、このような総有の必然性を経済学の観点から明らかにしたのが、神野直彦『「分かち合い」の経済学』である。ここには経済学と総有論＝法学との豊かな交流が生まれていることに注目しておきたい。

まず、神野の問題意識はこうである。

『世論調査などをみても大部分の国民が、少年非行、自殺、麻薬などといった社会的病理に脅え、凶悪犯罪などによる社会的秩序の乱れに恐怖している。しかも、その原因を国民の誰もが感じとっている。それは、家族やコミュニティといった集団を支えてきた「人間の絆」が崩壊しているからである』

これは一でみた「都市問題」と認識を共有する。そしてこの問題を解くのに有用な概念として、神野直彦は、「オムソーリ」と「ラーゴム」（ほどほどに）という二つのスウェーデン語をあげる。オムソーリの本来の意味は「悲しみの分かち合い」ということであり、「悲しみを分かち合えば、悲しみに暮れている人は悲しみを癒され、幸福になる。しかも、悲しみを分かち合った人も幸福になる。というのも、人間は他者にとって、自己の存在が必要不可欠な存在だと実感できた時に、生きがいを感じ、幸福を実感するからである」という。総有も基本的には「他者」のために、そして「自ら」もまた幸福を得るために土地に働きかけるものである。

この「分かち合う」という思想のなかには、ある種の「共同体」が予定されていて、この共同体では「構成員が、共同体に参加して任務を果たしたいと願っている」。そして「その欲求が充足された時に、人間は自分自身の存在価値を認識し、幸福を実感できる」とい

に戦争によって破壊された。しかし、その復興にあたっては戦後何をやってもよろしいというのではなく、極端に言えば中世の都市をそっくりそのまま再現する。町の中の教会や道路をそのまま再現し、建物も中世的な三角形の屋根に白い漆喰の壁をもち、ベランダにはみんな花を飾るというような町並みをつくってきた。もちろん、建物の内部は「近代化」されていますが、外見は中世と変わらない。あれは決して古い町並みではない。この中で人々が落ち着いて生活でき、子どもたちも含め、これを未来までずっと継続していきたいと考えている。都市計画とはみんなの合意を得たうえで実行していくという社会的な技術なのです。

一方日本では、増え続ける人を迅速に動かすための高速道路、たくさんの人を収容するための超高層ビル、消防に有効な広い道路をつくるため人を排除していく。地上がいっぱいになると地下に潜り込むというかたちで町をつくり、しかもこれを全国一律で推し進めたものだから、アイデンティティなんて一つもない。札幌にも沖縄にも、同じような建物が並んでいる。飛行場や新幹線の駅を降りても、表示がないとそこがなんという町かさっぱりわからない。アイデンティティの喪失は、日本の都市計画の最大の失敗だと思います。そこでは何も愛着が生まれない。

この窓から外を見てください。私は二〇年間、九階にあるこの大学の研究室に通っていますが、周囲にクレーンの見えない日はありません。よくもまあ三六五日、毎日毎日工事をするものだと感心します。そして新しいビルができればできるほど都市が醜くなっていく。こんな無機質な醜いビルに包囲された靖国神社はかわいそう。皇居周辺の景観も、言葉もないほど無残です。白い壁、青い松、古い石垣そして水をたたえたお堀はまさに日本の文化を示すものですが、これに対する尊敬などは露ほどもない。天皇の宮殿ものぞきこまれる。こんなに文化を尊敬しない首都など世界中見渡してもないと思いますよ。なにも皇居や靖国といったような特殊な所だけでなく、みなさんの所の風景もどこも同じような感じじゃないだろうか。

これはやはり全国一律の都市計画の弊害で、とりわけ用途地域によって建ぺい率や容積率、高さを

うのである。

総有の共同体は、それが公益法人、NPOそして会社組織であれ、このような「幸福感」が満たされてこそ生命力があるのであり、丸亀の二つの会社もそのようなものとして理解したい。

さらに、肝心の所有との関係をみると、ここでも神野の指摘は深く根源的である。

『人間は「所有欲求」を充足すると、「豊かさ」を実感する。人間は「存在欲求」を充足すると、「幸福」を実感する。工業社会とは「存在欲求」を犠牲にして、「所有欲求」を追求してきた時代である。ポスト工業社会とは、工業社会が犠牲にしてきた「存在欲求」が充足されることを追求できる社会となる必要がある。つまり、人間の人間的な欲求である「存在欲求」そのものを追求できる社会が、ポスト工業社会なのである』

これを所有権論の文脈の中で総括していえば、ここでいう所有欲求の典型こそ「絶対的所有権」であり、工業社会はこの「絶対的所有権」が「商品」となって世界を闊歩した時代であった。ポスト工業社会では、この個別商品が解体されて相互に富を分かち合うための源泉となり、人々は存在欲求を満足させていくことになる。

総有とは、このような意味で人間の存在欲求を充足させるための法的な道具概念であり、それは「相対的所有権」として新しく構築されていくのである。

数字だけで決めて、都市の価値を問うことはまったく無かった。北海道でも沖縄でも東京でも、まったく同じ用途地域を当てはめて、第一種・二種の低層や中高層の住居専用地域とか、商業地域、工業地域など、都市を一二種類に分け、用途ごとにボリュームを配分する。そこに都市市場とか、国際競争とか、経済原理だけをつぎ込んできた。中曽根内閣以来のそして小泉・竹中路線として有名になった「規制緩和」とは、このいびつな都市計画をさらに強化し、それまで培われてきた歴史や文化、伝統、誇り、生き方といったものを、全部根こそぎ剥奪するものだった。その果てが現在で、市民が都市に参加するという舞台が無くなってしまったのです。戦後すぐ「都市の論理」というのが流行った。そこではヨーロッパをモデルに、都市は人を自由にする。自由とは何をしても良いということではなく、参加することによって美しくなっていくということが提案されていたが、日本では都市はすべて与えられるもの、自分の住む町ですらマンションを買うこととされ、「参加」など思いもよらないということになった。

ですから私は、私の最後の仕事として、この都市計画法をぜひとも改正させなければならないと思っているんです。

「土地の所有」という権利を見直す必要性

……日本中を均質化させてしまった都市計画の根底には、土地の所有権の絶対性を認めてきた日本独特の事情があり、先生はその所有権のあり方こそが問題であると指摘されていますね。

ええ。先程紹介したヨーロッパ、とくにドイツのような都市計画がなぜできるのかというと、ヨーロッパでは土地は自分のものであっても、空間は自分のものではないと考えているからです。これはいろんな言い方ができますが、非常に単純に言えば、土地は永遠にあなたのもので、だから息子に譲ってもいいけれど、それをどう使うかはみんなのルールに従いなさい、ということがはっきり決められ

五十嵐敬喜、野口和雄、萩原淳司『都市計画法改正―「土地総有」の提言―』第一法規、二〇〇九より

第5章　私たちの提案―個別所有権から総有へ

2　都市の再構築と総有論

(1)土地総有

(…)

「総有権」は日本だけでなく、諸外国でも認められている権利である。しかしこれまで、私たちはこの総有について入会権、入浜権、漁業権、温泉権、財産区や溜め池、あるいは神社の社有地など、第一次産業と結びついて共同体が存在してきたところや、特殊な目的を有しているところ、さらには共同体全体の聖域などに認められると教えられてきた。そしてこれだけをみれば、それはおよそ「近代」とは程遠いものである。

「総有とは、共同所有者の持ち分が潜在的にも存せず、したがって持分の処分や分割請求が問題にならず、各共同所有者は目的物に対して利用・収益権を有するのみで、管理権は必ずしも各共同所有者が行使せず、慣習やとりきめによる代表者がこれを行使する形態の共同所有をいう。このような総有は、ゲルマン法上、部落共同体の下で存在した。わが国の慣習上みられる入会権は、総有の性質を有するといわれてきたが、近時は入会権の解体の現象により、総有的性質の後退、個人所有権的性格への移行がみられる。入会権のほかにも、慣習上の物権(温泉権等)につき総有の概念による説明が用いられるほか、権利能力なき社団の財産についても、総有という説明が用いられることもある(最判昭32・11・14民集11巻12号1943頁、最判昭39・10・15民集18巻8号1671頁)」(遠藤浩他編『民法(2)物件(第4版増補版)』(有斐閣、2003年)、他に、川島武宜編『注

ているということ。これは「土地所有権と土地利用権の分離」とか「建築の不自由」と言われているものです。

一方日本では、土地は自分のものであり、どのように使おうが所有者の自由です。ここが大きく違うんですね。だから建物の色や形もてんでんばらばらになる。自由とは良いことだという観念が染み渡る。しかもこれは戦後の経済成長の中で財産権という観念と結びついて、所有することの価値を飛躍的に高めていったという経緯があります。

土地は買っておけば必ず値上がりする。この前提ですべてのシステムがつくられ、それが八〇年代後半のバブル経済の引きがねともなっていくのですが、どんどん劣化して価値を失っていくクルマやテレビのような消費財と比較して、土地は決して損をしない、もっとも大きな価値をもつ商品になっていったわけです。

日本の都市計画はすべてこうした所有物としての土地を前提にしていますから、いろんな規制をかけようとすると、所有者である大多数の国民の猛反対に遭ってしまう。ですからなかなか規制できないままここまできてしまった。逆に緩和するとなると、みな自分の財産権が高まるとして大歓迎となる。その結果町がどうなろうと誰も気にかけなくなる。

しかしこれから急速に人口減少へと向かう日本では、使う人がいなくなったり余ったりしてくる土地が確実に増えてくるし、現にもうすでにそれが現実化してきた。限界集落は使う人がいなくなるという現象だし、農業でも後継者不足による耕作放棄地は増え続けている。都市部でも、古くなった団地やマンションでは極端な高齢化が進み、空き部屋がものすごい勢いで出てくる。私たちはこれを「所有権の放棄」と呼んでいますが、土地は、あれば必ず価値を生んだ時代はもう過去のこととなり、今では価値であるよりも厄介者にさえなりつつあるというのが現状です。

とくに今回の震災後の見直しでは、住み手がいなくなったまま放置されている廃屋が大きな問題になっています。増え続ける廃屋は地震で倒壊したり火災の火種になったりして危険なのですが、「所

釈民法(7)物権(2)』(有斐閣、1968年)、舟橋諄一編『物権法』(有斐閣、1960年)等参照。

歴史区分によれば、これらは支配国家から絶対国家の下での所有形態であり、近代に入って、それはいかにも消滅していくかのような印象を与える。しかし、これはある種のイデオロギー的な理解によって物事をみた結果であり、実は「近代」になって相当長い年月を経過した今日でも、京都の研究者・平竹耕三が発掘して紹介したように、総有的土地所有権は都市でも生きていること、さらに、今後この考え方は最も現代的な方法として採用される可能性があることに注目したいのである。

平竹耕三『コモンズと永続する地域社会』(日本評論社、2006年)は、都市の総有の事例として、①京都相国寺・万年会、②琵琶湖東南・株式会社グリーンちゅうず、③近江長浜・株式会社黒壁、④高松市丸亀町商店街を挙げている。

次でみるように、長野県総合計画審議会最終答申は、この総有という考え方を全県下で実践することを提案した。

「社会的共通資本はたとえ、私有ないしは私的管理が認められているような希少資源から構成されていたとしても、社会全体にとって共通の財産として、社会的な基準にしたがって管理・運営される。たとえば、『土地』を例にとって考えてみる。土地は、国土を構成する重要な社会的共通資本である。土地は私有が認められているが、土地が社会全体にとって共通の財産であるために、その土地をどのように使うのかとなると、土地基本法や都市計画法などをはじめとする法律や、それぞれの地域に存在する独自のルールにより、一定の制約が生じることになる。換言すれば、土

有権」があるので誰にも手がつけられない。とりあえず条例で撤去できることにしたとしても、今度は撤去費用の問題が出てきます。ここでは「所有」ということが社会の迷惑にすらなっている。

ですから私はまず、土地を所有するというところから考え直す必要があると提言し続けてきました。自然を含めて、人々の生き方と非常に強く結びついている土地というものをどう処置するか、ここを根本的に解決しないといくら持続可能性や自然との共存などと叫んでみてもダメだと思います。これが先程の田中角栄の真逆の設計図を描くときの、最も重要なキーワードです。そのうえで、便利さや機能性よりも、そこに住む人の安心感を育むような都市計画のさまざまなアイデアを、みんなで知恵を出しあって盛り込んでいくべきではないかと思うんです。

「所有」から「総有」へ

しかし今回の震災の復興を見る限り、政府は相変わらず土地所有権の自由を前提として、せいぜいのところ区画整理や高台移転を行っているにすぎません。現に今復興庁では、全国から何百人もの専門家を集めて、被災地の区画整理を進めています。

その区画整理というのは、まず誰の家がどこにあったかを確定して、拡張が必要な道路の面積や公園などの公共用地は、元の土地から減歩するというかたちで確保していくまちづくりのやりかたです。減歩された土地の所有者は、たとえばこれまで三〇〇坪あった土地が、道路や公園に取られて二〇〇坪になってしまったりするわけです。ですからその場合には、その一〇〇坪分を何らかのかたちで担保しなければなりません。これがまさしく所有権や財産権の問題です。

で、これまでは何で担保していたかというと、それが土地の値上がりだったわけです。地価が上がれば、三〇〇坪で一〇〇〇万円だったのが二〇〇坪でその同額くらい、場合によってはそれ以上の価値にもなる。だから減ってもいいじゃないかと、ずっとそういうロジックで区画整理は行われてきた

地の利用にあたって、所有者は完全に自由なのではなく、社会的な基準にしたがって利用し、管理しなければならないのである。

社会的共通資本はこのように、純粋な意味における私的な資本ないしは希少資源と対置されるが、その具体的な構成、すなわち、いかなるものを社会的共通資本と位置づけるかは、先験的あるいは理論的基準にしたがって決められるものではなく、あくまでも、それぞれの地域の自然的、歴史的、文化的、社会的、経済的、技術的諸要因に依存して、民主的なルールにしたがった政治的なプロセスを経て決められるものである」

「それでは、社会的共通資本をも含めた希少資源の最適な配分、持続可能な経済発展を実現するためには、社会的共通資本を実際に管理し、運営する主体として、どのような社会的制度ないし管理的組織を想定すればよいのだろうか。

この設問に対する回答は、個人でもないし、国家でもない。コモンズ（Commons）と呼ばれるものである。

コモンズとはもともと、ある特定の人々の集団あるいはコミュニティにとって、その生活上あるいは生存のために重要な役割を果たす希少資源そのものか、あるいはそのような希少資源を生み出すような特定の場所を限定して、その利用に関しての特定のルールを決めるような制度をさす。つまり、特定の場所が確定され、対象となる資源が限定され、さらにそれを利用する人々の集団ないしはコミュニティが確定され、その利用に関する規制が特定されているような一つの制度を意味するのである」

「資本主義や社会主義は、一つの国あるいは社会の有する歴史的条件を軽視し、その文化的、社会的特質を切り捨て、自然環境を犠牲にしてきた。歴史的な世紀転換期における現在、こうした資本主義や社会主義の行き詰まりを克服する必要がある。このとき、自然環境をはじめとする社会的共通資本の管理、

わけです。ところが土地の値段はもう上がらない。そうすると区画整理の論理はその根本から崩れてしまう。現に今区画整理をしている被災地を見ても、地価が上がるとは到底思われません。それなのに相変わらず「区画整理」という旧来のシステムで復興が進められている。

陸前高田の状況を思い浮かべてみてください。あの美しかった松原は、広大な一区画が一面陥没してしまいました。これは約六〇〇〇ヘクタールあって、政府はこれを全部区画整理しようとしています。阪神淡路大震災の時には神戸を区画整理して、この時はうまくいったと言われています。だから東日本大震災でも同じ方法でやろうというわけですが、陸前高田だけで神戸の何十倍もある面積でしょう。だから何十年もかかる。また神戸ではいくらか土地の値上がりが期待できたけれど、ここではそうはいかない。事業はいつ終わるのかまったくわからず、その間に土地所有者は亡くなってしまう。そういうことをやっているんです。

そこで私たちは総有論に基づいて、土地所有を前提とするのではなく一括して借り上げるなりして、その運用をみんなで一緒に考えたらどうかと言っているんです。従来の「区画整理」に替わる新しいまちづくりの方法論として総有論を提案しているのですが、やはり田中角栄型都市改造論の方が、まだまだ優勢といった感じですね。

……確認すると、絶対的な土地の所有権に対して総合的な批判を加え、所有そのものは完全にはなくさないまでも、まず土地所有と空間の利用を分離して、その利用の仕方はみんなで考えようというのが、先生のおっしゃる総有論の出発点なんですね。

ええ。確かに土地に対する需要があり続ければ、自分の土地にはできるだけ高い建物を建てて部屋数を多くした方が大きな利益を得ることができます。それをみんなの環境づくりに配慮して三階建て以上にはしないでくださいと言っても、法的な強制力がない限り聞き入れてはもらえないでしょ

維持にあたり、それぞれの置かれた社会的、経済的、法制的な諸条件について充分に配慮し、持続可能なかたちで管理、維持するための制度、組織として展開されてきたコモンズの考え方は、ゆたかな社会を実現するために基本的な役割を果たすものである」（長野県総合計画審議会専門委員会２００３年12月2日『未来への提言～コモンズからはじまる、長野県ルネッサンス』）。

もう一つ、必ずしも総有とは一致しないが、近似的な関係にあると思われるコモンズ論にそって、総有論の現代的でかつ大きな文脈を辿っておこう。

資本主義の産物の中で成長する都市は、自然を消費して開発し、そして破壊してきた。しかし現代の都市は、二重の意味でサステイナビリティ（持続可能性）の問題に直面している。それは、一方で自然との関係におけるサステイナビリティの問題であり、そして他方で都市を構成する社会経済関係そのものにおけるサステイナビリティの問題である。こうした問題状況の中で、コモンズは、自然と人間社会との共生を維持しうるシステムの可能性を示唆するものとして論じられている。

コモンズ論の文脈を社会経済関係の構成原理にそくしていえば、次のようになる。

「私と公」、あるいは「市民社会と国家」という近代（そして現代）社会の二元的構成が、今日「市場の失敗」そして「政府の失敗」によって限界をあらわにしている。そこで、これらの限界を克服する可能性をもつものとして「共同」あるいは「協同」という社会構成原理が注目されている。コモンズはこの「共同」あるいは「協同」という原理を体現する存在の一つとして位置づけられ、論じられている。総有論もこれとほぼ同じ文脈で現代的意味をもつと理解したい。

う。みんながそういうロジックにはまってしまって、全国各地に中高層のマンションがどんどん建てられてきました。

しかし今の日本では、人口の減少によってそうした需要が見込める地域は、首都圏や大都市圏のごく限られた地域に限定されています。それ以外の多くの都市では、その前提を変えない限りまちづくりはできない。まちづくりができなければ幸福な生活もありません。まずそのことに気付くべきです。

所有には、土地や建物などを国や自治体や企業、個人などが単独で所有し自由に利用できる「単独所有」と、複数の主体が所有・利用する「共同所有」とがあります。共同所有の仕方には「共有」と「総有」、その中間に「合有」があり、たとえば分譲マンションでは個々の部屋は単独所有ですが、土地やエントランスホール、階段、エレベーターなどは共有で、これは持分権というかたちをとっています。

仮にこのマンションが老朽化して建て替えが必要となった場合、この持分権（区分所有権法）によって、住民の五分の四の同意がなければできないことになっています。しかも持分権の譲渡は原則自由とされていますから、お金のある人は建物が老朽化すれば、さっさと売り払って出ていってしまう。残された人たちは、少なくなってしまった人数で、共用の部分を担わなければならなくなってしまう。

こうした状況はマンションばかりではなく、老朽化が進む公共施設や、高速道路、上下水道やガス管といったインフラストラクチュアを抱える都市全体に、今起りつつあることなんです。国土交通省も今後の公共施設の維持管理の費用の推計を出していましたが、これによると今のままでは新規公共事業は一切できないばかりか、今あるものの維持管理すらできなくなるとしている。

「現代的総有論」の具体的方法

……土地の所有権を前提とする限り、人口の減少や高齢化が決定的な破綻をもたらすということですね。ではそこで、先生が提唱されている総有論の特徴を、具体例に即してご説明いただけますか。

私たちが提唱する「総有」とは、その代表的な例としての「入会権」を想起していただければわかるように、原理的には村落共同体などの団体が土地全体を所有し、構成員が自由に利用することで、その土地から得られる利益を構成員全員で享受するシステムです。

早稲田大学での私の恩師の戒能道孝《かいどうみちたか》先生が、一九一七年に岩手県二戸郡にある小繋山の入会権をめぐって訴訟が起された「小繋事件」を扱った岩波新書（『小繋事件　三代にわたる入会権紛争』、一九六四）を刊行されていて、「入会権・総有」という言葉には大学時代から親しんでいました。

この小繋事件というのは、入会地が近代化の過程で特定の人の私有地だとされてしまい、今まで通り共有財産として利用していた村人が、その新しい所有者から訴えられて敗訴した、足かけ五〇年にも及んだ裁判です。古くから守られてきた総有や入会が解体していく、象徴的な事件でした。

明治以降、近代的な所有権の概念の流布とともにこうした総有や入会は古い体制だとして解体され、山林をはじめ、土地という土地に「個人的な所有者」が定められ、この所有者はいわば何をしても良い（使用、収益、処分の自由）とされてきたのです。これが絶対的所有権です。しかし先程からお話ししてきたように、そうした所有権が産業の変化や衰退によって、今度は放棄されてしまうケースがたくさん出てきてしまうようになりました。

一番早かったのが山林です。林業が衰退して維持できなくなって放棄されたり、なかには明治時代から所有登記がなされていなくて、持ち主はおろか、誰かがもっているのかさえわからないものもある。だから山は荒れ放題であっても誰も手を付けることができない。

総有論による震災復興のプランは非常に明快です。津波の被害に遭った被災地のなかには地盤沈下や冠水した所もあって、ここにはもう建物は建てられません。それでもその土地の所有にこだわると、先程の「区画整理」のように、もう一歩も前に進むことができない。仮に元いた地域に戻ることができたとしても、あるいは集団で高台へ移転するにしても、そこに家を建てるのもあるいは建てないのも各人の自由（かって）ということになる。これでは良い町はできない。生活に必要な商店あるいは医療施設や福祉施設もできない。

ですから私の主張は、国や自治体が、沈下や冠水した区画を含む被災地全体を一括して一度借り上げて、所有者にはその地代を払うことにしなさいということです。これならどこからどこまでという所有区画を示さなくても、所有者はとにかく一〇〇坪なら一〇〇坪分というように、持ち分に応じた地代を受取ることができます。で、今度はそこに住むにしても移転するにしても、そこをみんなでつくる「まちづくり会社」が借り、ここに共同住宅あるいは個人住宅をつくり、これを被災者が借りたり、買ったりするという方法です。すなわち、まちづくり会社（会社員として被災者や自治体が入る）という共同主体が、全体の土地を所有あるいは借り上げ、建物をつくるなどして、これを被災者などに分配していくというシステムです。これは先の入会権にヒントを得たもので、「現代的総有」と私は呼んでいるのです。

そのまちづくりをどのようなかたちで実現するかは、そこに住むみなさんの自由です。つまり共同の定期借地の上で、自分たちのまちづくりを行おうというわけです。一つひとつの戸建てが集まった町でも構わないし、共同住宅を建ててもいい。楽しく働ける集会場があってもいいし、高齢化に対応して医療施設を招致する必要もあるかもしれません。そういう生活に即した発想で都市をデザインする。

そしてこの「まちづくり会社」は、この町全体をずっと管理していく。死亡あるいは引越しなどによってここから去っていく人がいてもその家はこのまちづくり会社に引き継がれ、ここに新しい居住者が生まれる、という持続可能性が担保されるのです。

分かち合いの精神が、これからの日本を救う

私たちの提案は、かつての社会で機能していた総有や入会を、ただ単に現代に復活させようとい

うものではありません。ここには昔の入会権には無かった「借りる」という概念が、新しいキーワードとして入っています。定期借地権の利用ですね。それから集会場をつくる、作業場をつくる、共同住宅をつくるといった町自体の具体的なデザインも、昔の入会権には無かったことです。

ではその資金はどうするかというと、補助金や個人の出費で賄うというケースもあるでしょうし、ファンドを設立する方法もある。いずれにしても恒久的な財源をつくらなければならない。これも入会権の時代にはありません。こうしたいくつかの新しいフェーズが実現していけば、これからの日本の社会にも大きな先例となるでしょう。現に私たちは今、いくつかの現代総有論に基づいたプロジェクトを被災地で手がけ始めています。また被災地だけではなく、全国各地からもオファーをいただくようになりました。

……そうした総有論的まちづくりでは、農業や漁業、商店街などのあり方も変わってくるのでしょうか？

それは当然です。農業にしても後継者不足はかなり深刻化していて、各農家でつくった米や野菜を農協に持ち込んで売ってもらうというような従来のしくみでは、とても成り立たなくなってくる。ですから組合でも株式会社でもＮＰＯでもなんでもいいのですが、総有的な新しい組織をつくって、自分たちで売り方を考えて販路を見つけていく。それを各自でやるのではなく、旧地主や住人たち、あるいは販売の専門家などが集まって業務展開していくような、第六次産業としてやっていくという方法が考えられます。

漁業だって同じです。海は全部つながっているのですから、ここは自分の漁場だなんて仕切りをせずに、みんなで獲って、加工から販売までみんなでやってその利益を分配する。みんなで集まって、みんなで海を使い、みんなで加工して、みんなで売る方法を考える。それが私たちの言う総有論です。

もちろん商店街の再生にも、こうした総有論的な視点は有効だと考えています。地方都市では中心商店街が衰退してシャッターを下ろしたままの、いわゆる「シャッター街」が激増しています。これに対し各自の家業だけやっていたのでは、とても郊外の大手スーパーマーケットに太刀打ちできません。商店街として総有のシステムをもって、全体的かつ恒常的に運営することが必要です。

一方で、現在ではインターネットなどが発達したおかげで、ダイレクトに世界との交渉もできるようになりました。たとえば今回の震災では、地元のブランドを守るために、世界の有名ブランドとコラボレーションしようという試みもありました。しかしこれは、とても個人でできることではありません。個人を超えて共同していかなければならないことが、理屈抜きでわかってくるわけです。

こうした総有論的な試みは、これまでにも香川県高松市の丸亀町商店街の再開発などの例がありますが、今度の震災で大きな被害を受けた宮城県石巻市内にも、来年春の完成予定で共同住宅の建設が進められています。これは現代総有論に基づいて初めて新しく建てられるもので、津波に襲われた経験から一階は駐車場と店舗とし、二階以上を住宅としています。この住宅には、敷地の地権者をはじめ、現在仮設住宅に暮している被災者たちに優先的に入居してもらいます。一階の店舗には世界中のブランド店を入れ、中庭を囲むような配置の建物には共同スペースもたくさんとって、日向ぼっこができたり、子どもを遊ばせたり、老人同士が将棋を楽しんだりとか、そういう楽しい生活ができる場にしていく。

来年春に一号棟が完成すれば、それがモデルケースとなって、次々にこれを連鎖させる。デザインが決められ、これを地区計画や条例で法的に担保すれば、統一的な町ができる。ヨーロッパのような美しい町ができるのです。これにより現代的総有論の有効性が具体的に検証できる。そしてそれが今後の日本が突入していく人口減少・高齢化社会の一つのモデルに、間違いなくなると確信しています。現代総有論は、非常に単純に言えば、個人と個人という関係を超えて、みんなで一緒に仲よく暮していくということなのです。

……先生が提唱される現代の総有論では、分かち合いということがキーワードになっていると思います。分かち合うということは享受するばかりではなく、自分たちも積極的に参加して、汗水垂らして働いて、その成果をみんなで収穫しようということですね。

そうです。そこでは土地を貸す方も借りる方もみんなが参加して、全体のあり方やそれぞれの家や店をどうするかを考えなければなりません。そこでは各自が勝手にやるというのではなく、全体的な計画に基づいてルールを定め、それを共有する必要もあります。自分たちが暮す町は、自分たち自身でつくっていくというプロセスを、私たちの生き方のなかに取り戻していく。それが私たちのいう現代総有論なんです。

……今回の震災の復興のあり方が、被災地のみならず、今後の日本のゆくえを映し出す鏡となるに違いありません。私たちも、できる限りそこに参加していきたいと思います。どうもありがとうございました。（2012.04.02）

書物のフィールドワーク60

◎人口爆発から人口減少へ

ミクロデータの計量人口学　人口学ライブラリー 11　小島寛、安蔵伸治編著　原書房　2012
2100年、人口3分の1の日本　鬼頭宏　メディアファクトリー新書　2011
世界主要国・地域の人口問題　人口学ライブラリー 8　早瀬保子、大淵寛編著　原書房　2010
「人口減少経済」の新しい公式　「縮む世界」の発想とシステム　松谷明彦　日経文庫　2009
人口減少時代の社会保障　人口学ライブラリー 7　兼清弘之、安蔵伸治　原書房　2008
現代人口学の射程　稲葉寿編著　ミネルヴァ書房　2007
人口減少時代の日本社会　人口学ライブラリー 6　阿藤誠、津谷典子　原書房　2007
2020年の日本人　人口減少時代をどう生きる　松谷明彦　日本経済新聞社　2007
人口学への招待 少子・高齢化はどこまで解明されたか　河野稠果　中公新書　2007
人口減少時代の日本経済学　人口学ライブラリー 5　大淵寛、森岡仁　原書房　2006
国際人口移動の新時代　人口学ライブラリー 4　吉田 良生、河野 稠果　原書房　2006
人口減少社会の未来学　毎日新聞人口問題調査会　論創社　2005
ウェルカム・人口減少社会　古川俊之、藤正巌　文春新書　2000
人口統計学　増補改訂版　岡崎陽一　古今書院　1999
新「人口論」　生態学アプローチ　ジョエル・E・コーエン　重定南奈子他訳　農文協　1998
人口の原理　ロバート・マルサス　高野岩三郎他訳　岩波文庫　1962

◎人口から見た歴史

歴史人口学で読む江戸日本　浜野潔　吉川弘文館　2011
日本の歴史 19　文明としての江戸システム　鬼頭宏　講談社　2010
歴史人口学研究　新しい近世日本像　速水融　藤原書店　2009
図説　人口から見る日本史　鬼頭宏　PHP 研究所　2007
少子化の人口学　人口学ライブラリー 1　大渕寛、高橋重郷　原書房　2004
環境先進国・江戸　鬼頭宏　PHP 研究所　2002
人口から読む日本の歴史　鬼頭宏　講談社学術文庫　2000
歴史人口学の世界　速水融　岩波書店　1997
フランソワとマルグリット　18世紀フランスの未婚の母と子供たち　藤田苑子　同文舘　1994
近世濃尾地方の人口・経済・社会　速水融　創文社　1992
江戸時代の東北農村　二本松藩仁井田村　成松佐恵子　同文館出版　1992
ヨーロッパの伝統的家族と世帯　酒田利夫他訳　リブロポート　1992
歴史人口学序説　一七・一八世紀ボーヴェ地方の人口動態構造　ピエール・グベール　遅塚忠躬他訳　岩波書店　1992
江戸の農民生活史　宗門改帳にみる濃尾の一農村　速水融　NHK ブックス　1988
家族と人口の歴史社会学　ケンブリッジ・グループの成果　斎藤修編著　リブロポート　1988
プロト工業化の時代　斎藤修　日本評論社　1985
商家の世界・裏店の世界　斎藤修　リブロポート　1985
近世東北農村の人びと　成松佐恵子　ミネルヴァ書房　1985
家の歴史社会学　アナール論文集 2　二宮宏之他　新評論　1983

◎少子化の真実

少子化と若者の就業行動　人口学ライブラリー 10　小崎敏夫、牧野文夫　原書房　2012
少子化日本　もうひとつの格差のゆくえ　山田昌弘　岩波新書　2007
少子化の社会経済学　人口学ライブラリー 2　大渕寛、兼清弘之　原書房　2005
少子化の政策学　人口学ライブラリー 3　大渕寛、阿藤誠　原書房　2005
子どもが減って何が悪いか！　赤川学　ちくま新書　2004

◎超高齢化社会日本

超高齢社会の基礎知識　鈴木隆雄　講談社現代新書　2012
超高齢社会　進む少子化、近づく多死社会　酒田期雄　アドスリー　2011
2030年 超高齢社会「ジェントロジー」が日本を世界の中心にする　東京大学高齢社会総合研究機構　東洋経済新報社　2010
少子化する高齢社会　金子勇　NHK ブックス　2006
高齢化社会と日本人の生き方　岐路に立つ現代中年のライフストーリー　小倉康嗣　慶應義塾大学出版　2006
人口減少・高齢化と生活環境　山間地域とソーシャルキャピタルの事例に学ぶ　堤研二　九州大学出版会　2001

◎シュリンキング・シティ、コモンズ、総有論

人口減少時代の地域政策　人口学ライブラリー 9　吉田良生、廣崎清志　原書房　2011
人口減少時代のまちづくり　21世紀＝縮小型都市計画のすすめ　中山徹　自治体研究社　2010
雑誌　地域経済 no.546　特集縮小都市の創造性　財団法人日本地域センター　2010
デフレの正体　藻谷浩介　角川 ONE テーマ 21新書　2010
雑誌　地域経済 no.569　特集縮小都市デトロイトの諸相　財団法人日本地域センター　2010
「都市縮小」の時代　矢作弘　角川 ONE テーマ 21新書　2009
都市計画改正　「土地総有」の提言　五十嵐敬喜他著　第一法規　2009
自然総有論　入山権思想と近郊里山保全を中心とする　松本文夫　メタブレーン　2008
雑誌 city&life　特集シュリンキング・シティ　縮小する都市の新たなイメージ　一般財団法人 都市のしくみとくらし研究所　2008
シュリンキング・ニッポン　縮小する都市の未来戦略　大野秀敏　アバンアソシエイツ　2008
コモンズと永続する地域社会　平林耕三　日本評論社　2006
コモンズ論再考　鈴木龍也、富野 暉一郎編著　晃陽書房　2006
逆都市化時代　人口減少期のまちづくり　大西隆　学芸出版社　2004
人口減少時代の大都市経済　価値転換への選択　大塚柳太郎、鬼頭宏　東洋経済新報社　1997

小谷元彦作品

表紙・裏表紙

SP2：New Born（Viper A）
2007年
67×28×18cm
ミクスト・メディア

撮影◉木奥惠三　提供◉山本現代

野又穫作品

P33

Picturesque-8
1990年
65.2×50.0cm
キャンバス、アクリル

P51

Decors-28
1987年
145.5×97.0cm
キャンバス、アクリル

P69

Forthcoming Places-5
1996年
162.2×97.2cm
キャンバス、アクリル

編集後記

自宅で宴会をする機会が増えてきました。きっかけは共通の趣味なり出会いのご縁ですが、仕事もこれまでの足跡もまったく異なる面々での談笑は“あたりまえ”が塗り替わったり、予想外の策や企画が生まれたりと時間単位は意味をなさず、「宴もたけなわではございますが」がよく起こります。もっと大勢でやりたいけれど今の間取りでは人数も限界、でもあっちの部屋は使い切れていない?「ならば改造しよう!」という展開に。

「伊藤家の悩みが…なんということでしょう!!」を目指して、テレビ番組や、中古物件のオープンルームを見つけてはビフォーアフターの検討をはじめたわけですが、中には「なんてこった!!」になってしまっているケースも。気をつけないといけないのは、継ぎ接ぎのリフォーム。構造計算は綿密でも増築に増築を重ねるうちに本来の目的はどこへやら、今どこにいるのかすらわからない迷宮迷路になってしまうケース。もっと危ないのは、屋台骨自体がすでに本来の役割を担っていないのに、これを拠り所に改造を続けてしまうケース。ん?この構図は国家の法体系か。あるいは今後の道筋議論か。

法律も税制も政治も時代の要請に応じた遍歴を持ちますが、それらは必ずその時代時代における前提と目的に基づいていて、今日未来に普遍たりえるはずもない。『縮退の方途』には今日からの前提と目的の置きなおしが必要になる。もちろん選択できるパッケージプランはない。更地じゃないのでフリープラン建築もできない。複雑に張り巡らされた構造体の解体を伴うでしょう。ん?その前に屋台骨は大丈夫か。　(伊藤敦朗)

『談』no.94

発行日　2012年7月10日

www.dan21.com

エディター・イン・チーフ　佐藤真
デザイン　河合千明

制作◎株式会社アルシーヴ社
〒155-0032　東京都世田谷区代沢5-21-15
タカマリマンション105
TEL 03-5779-8356　FAX 03-6794-3356

編集・発行◎公益財団法人たばこ総合研究センター[TASC]
〒105-0032　東京都港区虎ノ門3-2-2 虎ノ門30森ビル
TEL 03-3436-3771　FAX 03-3436-3772

発売◎株式会社水曜社
〒160-0022　東京都新宿区新宿1-14-12
TEL 03-3351-8768　FAX 03-5362-7279

印刷◎株式会社恒陽社印刷所

ISBN978-4-88065-298-6 C0310